Bronja Zahlingen
Hänschen Apfelkern

AF216728

Arbeitsmaterial aus den Waldorfkindergärten   8

Herausgegeben von der Vereinigung der Waldorfkindergärten

Hänschen Apfelkern

Kleine Märchen und Geschichten zum Erzählen und Spielen

Gesammelt und bearbeitet von Bronja Zahlingen
Mit Bildern aus Märchenwolle von Dagmar Schmidt

Verlag Freies Geistesleben

Als jüngstes Kind einer jüdischen Familie wurde *Bronja Zahlingen* am 8. Januar 1912 in Polen geboren. Bei Ausbruch des Ersten Weltkrieges siedelte sie mit ihrer Familie nach Wien über. Nach dem Abitur und einem abgebrochenen Psychologiestudium begann sie die Ausbildung zur Kindergärtnerin. Bedingt durch die Machtübernahme des NS-Regimes folgten elf Jahre der Emigration, – England wurde eine neue Heimat. Zurück in Wien, kam 1950 ihr einziges Kind zur Welt, und Bronja Zahlingen wurde zur treibenden Kraft beim Aufbau des Waldorfkindergartens in Wien und hielt Kurse und Seminare im In- und Ausland. Sie verstarb am 24. Januar 2000 in der sozialtherapeutischen Dorfgemeinschaft Breitenfurt.

13. Auflage 2022

Verlag Freies Geistesleben
Landhausstraße 82, 70190 Stuttgart
www.geistesleben.com

ISBN 978-3-7725-2308-3

© 1983 Verlag Freies Geistesleben
& Urachhaus GmbH, Stuttgart
Einband: Thomas Neuerer unter Verwendung eines Bildes
von Dagmar Schmidt, Tübingen
Notensatz: Ralf Ferdinand Pfeffer
Fotos: Charlotte Fischer (S. 34, 47); Thomas Klink (S. 41)
Druck: GCC Grafisches Centrum Cuno, Calbe
Printed in Germany

Inhalt

Vorbemerkung   7

Hänschen Apfelkern   9
Nach einer amerikanischen
Einwandererlegende

Klein Flöhchen und klein Läuschen   11
Aus dem Französischen

Vom Kätzchen und Mäuschen   13
Aus dem Englischen

Drei Bären   14
Ein russisches Märchen von Leo Tolstoj

Das Madamchen   16
Frei nach Richard Dehmel

Drei kleine Schweinchen   18
Aus dem Englischen

Das winzige, winzige Weiberl   21
Aus Österreich

Die Geschichte von Henny-Penny   21
Aus dem Englischen

Kasperl befreit das Elfchen   24
Von Hans Zahlingen (Text und Musik)

Was Urgroßmutter erzählt   28
Aus den USA

Gestern hab i Kugerl gschieben   29
Aus Österreich

Die Pfanne   29
Aus Südtirol

**Vom Häschen, das rote Flügel
haben wollte**   31
Ein Märchen der Afro-Amerikaner,
nach C. S. Bailey

Moosmännlein   33
Sommerliches Puppenspiel nach H. Rolka,
Musik von L. Bittrich

Die wilden Schwäne   36
Eine russische Geschichte

Maschenka und der Bär   39
Nach einem russischen Märchen

Die drei Orangen   43
Nach einem italienischen Märchen,
Musik von B. Goldmann

Goldener   46
Frei nach Ludwig Bechstein

Jahreszeitenspiel   51
Von Bronja Zahlingen

Schneemädchen   55
Aus dem Russischen

Vorbemerkung

In diesem Heft sind Märchen und Geschichten zusammengefasst, die kleine Kinder in aller Welt erfreuen und die ihnen immer wieder neue Nahrung für ihre lebentragenden Fantasiekräfte bringen.[1] Sie geben sich nicht fantastisch und sensationell, sondern tragen in ihrer volkstümlichen Schlichtheit einen folgerichtigen Wahrheitsgehalt in sich. Teils eignen sie sich zum Erzählen, teils für Puppenspiele verschiedenster Art, z. B. mit Stehpuppen, wie sie auf Seite 41 abgebildet sind, oder mit Marionetten, wie sie auf Seite 47 zu sehen sind.[2]

Eine gute Ergänzung zum gesprochenen Wort des Erzählers und ein schöner Bildschmuck für Kinderstube und Kindergarten sind Woll- und Seidenbilder. Die Abbildungen auf den Seiten 8, 22, 27, 30 und auf dem Einband[3] mögen Anregungen geben, Bilder, nach denen das Kind mit Recht verlangt, locker und einfach aus Farbe und bewegter Gebärde zu gestalten. So kann die Stimmung eines Märchengeschehens begleitet werden, ohne dass man sich an Details verliert oder verfrüht Vorstellungen fixiert. Die Bilder sollen innerlich lebendig weiterwirken. Die farbige Märchenwolle haftet wie von selbst leicht auf einem Filz- oder Wollstoffuntergrund. So kann man das Bild immer wieder auflösen und neu gestalten. Auf kleineren Flächen versuchen auch die Kinder selbst gerne solche Gestaltungen.

Die Seidenbilder – eines ist auf Seite 49 zu sehen – werden mit Stecknadeln (unsichtbar) auf einem Seidengrund auf Kork oder entsprechender Unterlage möglichst großflächig in einer Art Halbrelief gesteckt und sind dadurch ebenso wieder verwandelbar. Hier muss man freilich mehr Mühe aufwenden, weshalb man sie gerne länger hängen lässt. Damit sind die Kinder auch sehr zufrieden, denn eine gewisse Dauer im Erleben wird Grundlage innerer Sicherheit und Beständigkeit.

Bronja Zahlingen

1 Weitere Märchen finden sich im Heft 5 dieser Reihe: *Kleine Märchen und Geschichten zum Erzählen und für Puppenspiele*, 14. Auflage, Stuttgart 2019.

2 Anleitungen für die Einrichtung verschiedener Spielmöglichkeiten und die Herstellung einfacher Figuren findet man in Heft 7 dieser Reihe: Freya Jaffke, *Puppenspiel*, 4. Auflage, Stuttgart 2004.

3 Die schönen Märchenwolle-Bilder dieser Ausgabe fertigte Dagmar Schmidt, Tübingen.

Hänschen Apfelkern

Nach einer amerikanischen Einwandererlegende

Es war einmal ein kleiner Junge, der hieß Hänschen. Am liebsten aß er Äpfel und freute sich immer über die schönen braunen Kernlein, die ganz innen wie in fünf Sternenstübchen schlummerten. Eines Tages erzählte ihm die Mutter, wie ein Apfelbaum wachsen könne aus jedem Kern, wenn man ihn nur in die gute Erde lege, wenn die Sonne ihn bescheine, der Regen ihn benetze und Gottes Segen darauf ruhe. Da begann Hänschen die Kernlein zu sammeln, und ein jeder nannte ihn nun Hänschen Apfelkern. Als er schon eine Menge beisammen hatte, sprach er zur Mutter: «Ach bitte, nähe mir doch ein Säckchen, damit ich meine Kerne aufbewahren kann.» Die Mutter nahm ein kleines Stückchen Stoff, nähte ein Säckchen, und Hänschen tat die Apfelkerne hinein.

Als es voll war, ging er zur Mutter und bat: «Ach Mutter, nähe mir doch ein größeres Säckchen für meine Apfelkerne!» Sie nahm ein größeres Stück Stoff und nähte es, und als dieses Säcklein voll war, ging Hänschen Apfelkern wieder zu ihr und sprach: «Ach bitte, mache mir doch noch ein größeres Säckchen.» Als nun auch dieses genäht und voll mit Apfelkernen war, bat er die Mutter noch einmal, und sie nahm ein ganz großes Stück Stoff und nähte einen großen Sack daraus. Als dieser eines Tages voll war, da war aus Hänschen schon ein Hans geworden, ein junger Bursche, der sprach zu seiner Mutter: «Nun will ich durch das weite Land wandern und Apfelkerne pflanzen, dass alle Kinder sich an den guten Äpfeln freuen können.»

Also machte er sich bereit. Schuhe hatte er keine, aber das Barfußlaufen machte ihm nichts, das war er gewöhnt, und seine Fußsohlen waren schon ganz fest. Auf den Kopf setzte er einen Kochtopf, nahm einen Wanderstab in die Hand, den Sack über die Schulter. Auch ein heiliges Buch nahm er, mit Sprüchen und Geschichten, um Gottes Segen zu erbitten. So sagte er seiner Mutter Lebewohl, machte sich auf den Weg und sang ein frohes Lied dabei:

> Der liebe Gott ist gut,
> ihm dank ich immerzu;
> er schickt mir alles, was ich brauch:
> den Regen und den Sonnenschein
> und Apfelkernlein auch.

(Melodie und Text volkstümlich)

Wo Hans Apfelkern nun wanderte, pflanzte er die Apfelkernlein. Manchmal übernachtete er oder blieb eine Weile bei Bauersleuten und half ihnen bei der Arbeit. Wenn er dann Abschied nahm, streute er seine Kernlein rund um das Haus. Die sollten eines Tages einen schönen Obstgarten haben! Weiter und weiter wanderte er, immer der Sonne nach, bis er eines Tages nicht weiter konnte. Er war nämlich bis ans Meer gekommen. Da war auch sein Sack leer. Bis zum nächsten Frühjahr blieb er noch bei guten Leuten, und wie er sich dann auf den Heimweg machte, war schon das erste Pflänzchen gewachsen, nicht größer als ein kleiner Finger. Die nächsten waren schon wie der Ringfinger, andere wie der Mittelfinger und der Zeigefinger und manche dick wie ein Däumchen. Im Weiterwandern fand er immer größere Bäumchen, erst wie seine Hand so groß, dann so lang wie die Strecke von seinen Fingerspitzen zum Ellbogen, schließlich lang wie sein Arm. Und immer größer wurden sie, bis er endlich nach Hause kam; dort waren die Apfelbäume bereits so hoch wie er selbst. Die Mutter hörte ihn schon von weitem singen:

Der liebe Gott ist gut,
ihm dank ich immerzu;
er schickt mir alles, was ich brauch:
den Regen und den Sonnenschein
und Apfelkernlein auch.

Sie eilte ihm entgegen und reichte ihm einen Apfel, der an seinen Bäumen gereift war.

Das ist die Geschichte von Hänschen Apfelkern.

Klein Flöhchen
und klein Läuschen

Aus dem Französischen

Eines Tages sagte klein Flöhchen zu klein Läuschen: «Klein Läuschen, ich gehe und trage das Korn in die Mühle. Nimm dich in acht, dass du nicht in den Kochtopf hineinfällst!» – «Hahaha», lachte klein Läuschen, «fürchte nur nichts, ich falle schon nicht in den Kochtopf hinein!» Dann ging klein Flöhchen fort.

Klein Läuschen begann das Haus zu kehren, Geschirr zu waschen, den Kochtopf zu putzen und Feuer zu machen. Da stand nun der Topf mit der Suppe. Von all der Arbeit ward es so müde, dass es in den Garten lief und sich unter den Rosenstrauch schlafen legte. Bald darauf schlief es tief und fest. Nach einer Weile kam klein Flöhchen nach Hause. Als es die Türe offen sah, erschrak es fürchterlich. «Klein Läuschen, klein Läuschen, wo bist du?», rief es. Aber es bekam keine Antwort, denn klein Läuschen schlief tief und fest unter dem Rosenstrauch und konnte das Rufen gar nicht hören.

Klein Flöhchen suchte da, klein Flöhchen suchte dort, aber es fand klein Läuschen nicht. Im Kochtopf aber kochte die Suppe.

«Ach, ach!», klagte klein Flöhchen, «sicher ist klein Läuschen in den Kochtopf gefallen und verbrannt! Ach, ach, ich bleibe nicht mehr hier, ich gehe in die Welt!» – Als es ein paar Schritte tat, fragte der Tisch: «Klein Flöhchen, warum weinst du?»

«Ach, sollte ich nicht weinen, klein Läuschen ist in den Kochtopf gefallen und verbrannt, ich bleibe nicht allein zu Hause!» Sprach der Tisch: «Gehst du fort von hier, so komm ich auch mit dir!» Er hob seine Beine und wackelte hinter klein Flöhchen her.

Nun kamen sie beim Backtrog vorbei, der fragte: «Klein Flöhchen, warum weinst du?» – «Ach, sollte ich nicht weinen, klein Läuschen ist in den Kochtopf gefallen und verbrannt, und ich bleibe nicht allein zu Hause, und der Tisch kommt auch mit mir!» Sagte der Backtrog: «Geht der Tisch mit dir, so bleibe ich auch nicht mehr hier!» Er machte einen Ruck und polterte hinter dem Tisch her.

Als sie bei der Türe waren, fragte die Türe: «Klein Flöhchen, warum weinst du?» – «Ach, sollte ich nicht weinen, klein Läuschen ist in den Kochtopf gefallen und verbrannt, und ich bleibe nicht allein zu Hause, und der Tisch und der Backtrog kommen auch mit mir!» Sagte die Türe: «Geht der Tisch und der Backtrog mit dir, so bleibe ich auch nicht mehr hier!» Und die Türe hob sich aus den Angeln und polterte hinter dem Backtrog her.

Da kamen sie zum Nussbaum, der fragte: «Klein Flöhchen, warum weinst du?» – «Ach, sollte ich nicht weinen, klein Läuschen ist in den Kochtopf gefallen und verbrannt, und ich bleibe nicht allein zu Hause, und der Tisch und der Backtrog und die Türe kommen auch mit mir!» Rauschte der Nussbaum: «Gehen der Tisch, der Backtrog und die Türe mit dir, so bleibe ich auch nicht mehr hier!» Er zog seine Wurzeln aus der Erde und schwankte der Türe nach.

So kamen sie alle miteinander zum Rosenstrauch. Da wachte klein Läuschen gerade auf. Es schaute nicht wenig, als es die ganze Gesellschaft traurig heranwackeln sah.

Aber auch klein Flöhchen, der Tisch, der Backtrog, die Türe und der Nussbaum fassten es kaum, klein Läuschen auf einmal lustig und springlebendig im Garten zu sehen.

> Erst lachte klein Läuschen,
> dann lachte klein Flöhchen,
> dann lachte der Tisch,
> dann lachte der Backtrog,
> dann lachte die Türe,
> dann lachte der Nussbaum: hahahaha!

Alle kehrten fröhlich ins Haus zurück. Der Nussbaum steckte seine Wurzeln wieder in die Erde, die Türe sprang in die Angeln, der Backtrog in die Ecke, der Tisch stellte sich in die Mitte, klein Flöhchen setzte sich dazu, klein Läuschen trug die Suppe auf, und beide aßen vergnügt miteinander.

Vom Kätzchen und Mäuschen

Aus dem Englischen

Es war einmal ein Kätzchen und ein Mäuschen, die lebten miteinander. Aber eines Tages hat das Kätzchen dem Mäuschen das Schwänzchen abgebissen.

Da sagte das Mäuschen: «Bitte, liebes Katzerl, gib mir doch mein Schwanzerl wieder.»

Aber das Kätzchen sprach: «Nein, du kleine Maus, ich will dir dein Schwanzerl nicht wieder geben, erst musst du zur Kuh gehen und mir Milch bringen.»

Da hüpft das Mäuschen und springt und läuft, stellt sich auf die Hinterpfötchen und sagt: «Bitte, liebe Kuh, kannst du mir vielleicht Milch geben, dass ich die Milch dem Kätzchen geben kann, dass mir das Kätzchen mein Schwanzerl wieder gibt?»

Aber die Kuh sagt: «Nein, du kleine Maus, ich will dir keine Milch geben, erst musst du zum Bauern gehen und mir Heu bringen.»

Da hüpft das Mäuschen und springt und läuft, stellt sich auf die Hinterpfötchen und sagt: «Bitte, lieber Bauer, kannst du mir vielleicht Heu geben, dass ich das Heu der Kuh geben kann, dass ich die Milch dem Kätz-chen geben kann, dass mir das Kätzchen mein Schwanzerl wieder gibt?» Aber der Bauer sagte: «Nein, du kleine Maus, ich will dir kein Heu geben, erst musst du zum Fleischer gehen und mir Fleisch bringen.»

Da hüpft das Mäuschen und springt und läuft, stellt sich auf die Hinterpfötchen und sagt: «Bitte, lieber Fleischer, kannst du mir vielleicht Fleisch geben, dass ich das Fleisch dem Bauern geben kann, dass ich das Heu der Kuh geben kann, dass ich die Milch dem Kätzchen geben kann, dass mir das Kätzchen mein Schwanzerl wieder gibt?»

Aber der Fleischer sagt: «Nein, du kleine Maus, ich will dir kein Fleisch geben, erst musst du zum Bäcker gehen und mir Brot bringen.»

Da hüpfte das Mäuschen und springt und läuft, stellt sich auf die Hinterpfötchen und sagt: «Bitte, lieber Bäcker, kannst du mir vielleicht Brot geben, dass ich das Brot dem Fleischer geben kann, dass ich das Fleisch dem Bauern geben kann, dass ich das Heu der Kuh geben kann, dass ich die Milch dem Kätzchen geben kann, dass mir das Kätzchen mein Schwanzerl wieder gibt?»

Aber der Bäcker war gut. Der sagte: «Ja, du kleine Maus, ich will dir Brot geben, aber du darfst mir nicht mehr an meinem Mehl naschen.»

Und da gibt der Bäcker dem Mäuschen das Brot, das bringt's dem Fleischer, der gibt ihm das Fleisch, das bringt's dem Bauern, der gibt ihm das Heu, das bringt's der Kuh, die gibt ihm die Milch, die bringt's dem Kätzchen.

Da hat das Kätzchen dem Mäuschen sein Schwanzerl wieder gegeben, da war das Mauserl froh!

Drei Bären

Ein russisches Märchen von Leo Tolstoj

Ein kleines Mädchen ging einmal von zu Hause fort in den Wald. Es verirrte sich im Walde und begann den Weg nach Hause zu suchen, fand ihn aber nicht. Da kam es zu einer Hütte. Die Tür war offen. Das Mädchen guckte hinein und sah: Niemand war zu Hause. Und so ging es hinein.

In diesem Häuschen wohnten drei Bären. Ein Bär war der Vater, und er hieß Michail Iwanowitsch. Er war sehr groß und zottig. Der andere war die Bärin, und sie wurde Nastassja Petrowna genannt. Der dritte war ein kleines Bärenkind, und das rief man Mischutka.

Die Bären waren nicht zu Hause. Sie waren in den Wald spazieren gegangen.

In der Hütte waren zwei Zimmer: Eines war der Essraum, das andere die Schlafkammer. Das Mädchen kam in den Essraum und sah auf dem Tisch drei Schalen mit Suppe. Die erste Schüssel, sie war sehr groß, gehörte Michail Iwanowitsch. Die zweite Schale, ein wenig kleiner, gehörte Nastassja Petrowna. Das dritte, blaue Schälchen gehörte Mischutka. Neben jeder Schüssel lag ein Löffel, ein großer, ein mittlerer und ein kleiner. Das Mädchen nahm den größten Löffel und tauchte ihn in die größte Schüssel. Dann nahm es den mittleren Löffel und probierte aus der mittleren Schale. Dann nahm es den kleinsten Löffel und kostete aus dem blauen Schälchen, und Mischutkas Suppe schmeckte ihm am besten.

Nun wollte sich das Mädchen gern hinsetzen und erblickte am Tisch drei Stühle, einen großen, Michail Iwanowitschs Stuhl, einen kleineren, Nastassja Petrownas, und einen dritten, der war ganz klein und darauf lag ein kleines blaues Kissen. Dieser Stuhl gehörte Mischutka. Das Mädchen kletterte auf den größten Stuhl – und fiel wieder herab. Dann setzte es sich auf den mittleren, aber der war ihm nicht bequem. Dann setzte es sich auf den kleinsten Stuhl und lachte, so gut passte er. Es nahm das blaue Schälchen auf die Knie und fing an zu essen. Es aß die ganze Suppe auf, und dann fing es an, mit dem Stuhl zu schaukeln.

Der Stuhl ging entzwei, und das Mädchen fiel auf den Boden. Es stand auf, hob das Stühlchen auf und ging in die andere Kammer. Dort standen drei Betten, ein großes, das gehörte Michail Iwanowitsch, das zweite, mittlere gehörte Nastassja Petrowna, und das dritte, ganz kleine gehörte Mischutka. Das Mädchen legte sich auf das größte Bett – das war ihm viel zu geräumig. Es legte sich ins mittlere – das war zu hoch. Es legte sich ins kleinste – dieses Bettchen passte ihm so gut, dass das Mädchen sogleich einschlief.

Aber die Bären kamen hungrig nach Hause und wollten Mittag essen. Der große Bär nahm seine Schale, guckte hinein und brummte mit tiefer Stimme:

«Wer hat aus meiner Schüssel gegessen?»

Nastassja Petrowna guckte in ihre Schale und brummte nicht ganz so tief:

«Wer hat aus meiner Schüssel gegessen?»

Mischutka sah in sein leeres Schälchen und brummelte mit seinem kleinen Stimmchen:

«Wer hat aus meiner Schüssel gegessen und alles aufgegessen?»

Michail Iwanowitsch blickte auf seinen Stuhl und grollte mit tiefer Stimme:

«Wer hat auf meinem Stuhl gesessen und ihn von seinem Platz gerückt?»

Nastassja Petrowna sah ihren Stuhl und brummte nicht ganz so tief:

«Wer hat auf meinem Stuhl gesessen und ihn von seinem Platz gerückt?»

Mischutka sah sein zerbrochenes Stühlchen und brummelte:

«Wer hat auf meinem Stuhl gesessen und ihn ganz kaputt gemacht?»

Die Bären gingen in die andere Kammer. 15

«Wer hat auf meinem Bett gelegen und es ganz zerwühlt?», grollte Michail Iwanowitsch mit tiefer Stimme. «Wer hat auf meinem Bett gelegen und es ganz zerwühlt?», brummte Nastassja Petrowna nicht ganz so tief.

Und Mischutka stellte eine Fußbank an sein Bettchen, kletterte hinein und brummelte mit kleinem Stimmchen:

«Wer hat in meinem Bett gelegen …?» Plötzlich erblickte Mischutka das Mädchen und schrie, als ob er am Spieß steckte:

«Hier ist es! Halt! Halt! Hier ist es! Halt! Halt!» Und er wollte es beißen.

Das Mädchen öffnete die Augen, erblickte die Bären und stürzte zum Fenster. Das Fenster war offen, das Mädchen sprang hinaus und lief fort. Und die Bären haben es nicht erwischt.

Das Madamchen

Frei nach Richard Dehmel

Es war einmal ein Madamchen, das hatte ein Schweinchen. Eines Tages wollte Madamchen zur Hochzeit gehen, da sagte das Madamchen zum Schweinchen: «Du musst daheim bleiben, Madamchen will zur Hochzeit gehen.»

Das Schweinchen wurde böse und sagte: «Nein, nein, ich will auch mitgehen.»

Da ging Madamchen zum Hündchen und sagte: «Hündchen, du sollst das Schweinchen beißen, Schweinchen will nicht daheim bleiben, Madamchen will zur Hochzeit gehen.»

Da sagte das Hündchen: «Tut mir das Schweinchen nichts, tue ich ihm auch nichts.»

Da ging Madamchen zum Stock und sagte: «Stock, du sollst das Hündchen schlagen, Hündchen will nicht das Schweinchen beißen, Schweinchen will nicht daheim bleiben, Madamchen will zur Hochzeit gehen.»

Da sagte der Stock: «Tut mir das Hündchen nichts, tue ich ihm auch nichts.»

Da ging Madamchen zum Feuer und sagte: «Feuer, du sollst den Stock verbrennen, Stock will nicht das Hündchen schlagen, Hündchen will nicht das Schweinchen beißen, Schweinchen will nicht daheim bleiben, Madamchen will zur Hochzeit gehen.»

Da sagte das Feuer: «Tut mir der Stock nichts, tue ich ihm auch nichts.»

Da ging Madamchen zum Wasser und sagte: «Wasser, du sollst das Feuer löschen, Feuer will nicht den Stock verbrennen, Stock will nicht das Hündchen schlagen, Hündchen will nicht das Schweinchen beißen, Schweinchen will nicht daheim bleiben, Madamchen will zur Hochzeit gehen.»

Da sagte das Wasser: «Tut mir das Feuer nichts, tue ich ihm auch nichts.»

Da ging Madamchen zum Ochsen und sagte: «Ochs, du sollst das Wasser saufen, Wasser will nicht das Feuer löschen, Feuer will nicht den Stock verbrennen, Stock will nicht das Hündchen schlagen, Hündchen will nicht das Schweinchen beißen, Schweinchen will nicht daheim bleiben, Madamchen will zur Hochzeit gehen.»

Da sagte der Ochse: «Tut mir das Wasser nichts, tue ich ihm auch nichts.»

Da ging Madamchen zum Schlachter und sagte: «Schlachter, du sollst den Ochsen schlachten. Ochse will nicht das Wasser saufen, Wasser will nicht das Feuer löschen, Feuer will nicht den Stock verbrennen, Stock will nicht das Hündchen schlagen, Hündchen will

nicht das Schweinchen beißen, Schweinchen will nicht daheim bleiben, Madamchen will zur Hochzeit gehen.»

Da sagte der Schlachter: «Ja, ich will den Ochsen schlachten.» Er ging zum Ochsen. Da sagte der Ochse: «Oh, oh, oh! Eh ich soll geschlachtet werden, lieber will ich das Wasser saufen.»

Da sagte das Wasser: «Oh, oh, oh! Eh ich soll gesoffen werden, lieber will ich das Feuer löschen.»

Da sagte das Feuer: «Hie, hie, hie! Eh ich soll gelöscht werden, lieber will ich den Stock verbrennen.»

Da sagte der Stock: «Rau, rau, rau! Eh ich soll verbrennet werden, lieber will ich das Hündchen schlagen.»

Da sagte das Hündchen: «Wau, wau, wau! Eh ich soll geschlagen werden, lieber will ich das Schweinchen beißen.»

Da sagte das Schweinchen: «Au, au, au! Eh ich soll gebissen werden, lieber will ich daheim bleiben.»

Da konnte Madamchen zur Hochzeit gehen.

Drei kleine Schweinchen

Aus dem Englischen

Es war einmal eine Mutter Schwein, die hatte drei kleine Schweinchen. Eines Tages sagte das älteste Schweinchen: «Liebe Mutter, ich möchte einmal hinausgehen in die weite Welt.» – «Gut», sagte die Mutter, «geh, mein Kind, und sag auch immer ‹bitte› und ‹danke› und vergiss das Grüßen nicht!» – «Das will ich nicht vergessen», sagte das Schweinchen, «leb wohl, liebe Mutter.» Dann ging das Schweinchen hinaus in die weite Welt, immer der großen Straße nach.

Nicht lange, da begegnete ihm ein Mann, der trug auf seinem Rücken ein Bündel von Stroh. «Guten Tag, lieber Mann!» – «Bist du aber ein freundliches kleines Schweinchen.» – «Bitte, könntest du mir etwas von deinem Stroh schenken?» – «Aber freilich, da hast du das ganze Stroh.» – «Danke, lieber Mann!», sagte das Schweinchen, nahm das Stroh, baute sich ein Häuschen daraus und schlüpfte hinein.

Nicht lange, wer kam des Weges? Das war der Wolf. Er sieht das Häuschen, er schnuppert, er riecht das Schweinchen darin und möchte es gerne fressen. «Kleines Schwein, lass mich hinein!» – «Nein, bei dem Haar an meinem Kinn, Kinn, Kinn!» – «Dann blas ich und blas ich und blas das Haus ein.» Und er bläst und er bläst und er bläst das Haus ein und frisst das Schweinchen auf.

Nicht lange, so ging das zweite Schweinchen zu seiner Mutter und sagte: «Liebe Mutter, ich möchte einmal hinausgehen in die weite Welt.» – «Gut», sagte die Mutter, «geh, mein Kind, und sag auch immer ‹bitte› und ‹danke› und vergiss das Grüßen nicht!»

Dann ging das Schweinchen hinaus in die weite Welt, immer der großen Straße nach. Nicht lange, da begegnete ihm ein Mann, der trug auf seinem Rücken ein Bündel von Hanf. «Guten Tag, lieber Mann!» – «Bist du aber ein freundliches kleines Schweinchen!» – «Bitte, könntest du mir etwas von deinem Hanf schenken?» – «Aber freilich, da hast du den ganzen Hanf.» – «Danke, lieber Mann!», sagte das Schweinchen, nahm den Hanf, baute sich ein Häuschen daraus und schlüpfte hinein.

Nicht lange, wer kam da des Weges? Das war der Wolf. Er sieht das Häuschen, er schnuppert, er riecht das Schweinchen darin und möchte es gerne fressen. «Kleines Schwein, lass mich hinein!» – «Nein, bei dem Haar an meinem Kinn, Kinn, Kinn!» – «Dann blas ich und blas ich und blas das Haus ein.» Und er bläst und er bläst und er bläst das Haus ein und frisst das Schweinchen auf.

Nicht lange, so ging das dritte Schweinchen zu seiner Mutter und sagte: «Liebe Mutter, ich möchte einmal hinausgehen in die weite Welt.» – «Gut», sagte die Mutter, «geh, mein Kind, und sag auch immer ‹bitte› und ‹danke› und vergiss das Grüßen nicht!»

Dann ging das Schweinchen hinaus in die weite Welt, immer der großen Straße nach. Nicht lange, da begegnete ihm ein Mann, der trug auf seinem Rücken einen Stoß von Ziegelsteinen. «Guten Tag, lieber Mann!» – «Bist du aber ein freundliches kleines Schweinchen.» – «Bitte, könntest du mir etwas von deinen Ziegelsteinen schenken?» – «Aber freilich, da hast du den ganzen Stoß.» – «Danke, lieber Mann!», sagte das Schweinchen, nahm die Ziegelsteine, baute sich ein Häuschen daraus und schlüpfte hinein.

Nicht lange, wer kam des Weges? Das war der Wolf. Er sieht das Häuschen, er schnuppert, er riecht das Schweinchen darin und möchte es gerne fressen. «Kleines Schwein, lass mich hinein!» – «Nein, bei dem Haar an meinem Kinn, Kinn, Kinn!» – «Dann blas ich und blas ich und blas ich und blas das Haus ein.» Und er bläst und er bläst und kann das Häuschen nicht einblasen. Da versucht es der Wolf anders und sagt: «Kleines Schwein, kleines Schwein, isst du gerne Rüben?» – «Rüben», sagte das Schweinchen, «Rüben ess ich sehr gerne!» – «Gut, ich weiß die besten Rüben, die wachsen in Herrn Schmidts Heimfeld; morgen um neun Uhr früh will ich dich abholen, dorthin zu gehen.» – «Gut», sagte das kleine Schweinchen, «ich will schon fertig sein.»

Aber am nächsten Morgen ist es schon um acht Uhr früh aufgestanden, nach Herrn Schmidts Heimfeld gegangen, hat die Rüben heimgebracht, eh noch der Wolf angekommen war. So versucht der Wolf es noch einmal. «Kleines Schwein, kleines Schwein, isst du gerne Äpfel?» – «Äpfel, die ess ich gar zu gerne.» – «Gut, ich weiß die besten Äpfel, die wachsen in Lustiggarten. Morgen hole ich dich um sieben Uhr früh ab.» – «Gut, ich will schon fertig sein.»

Am nächsten Morgen ist das Schweinchen schon um sechs Uhr früh aufgestanden, nach Lustiggarten gegangen, auf den Apfelbaum gestiegen und hat ein ganzes Schürzchen voll Äpfel gepflückt. Als es eben hinunter wollte, wer steht da unten? Das war der Wolf, der war auch schlau geworden. Was soll unser Schweinchen tun? «Wolf», ruft es, «Wolf, willst du vielleicht einen Apfel kosten?» Dann wirft es einen Apfel ganz weit weg, und während der Wolf dem Apfel nachläuft, ist's schnell vom Baum heruntergerutscht, hat die Äpfelchen heimgebracht und das Türchen zugemacht.

Nun versucht es der Wolf noch ein drittes Mal. «Kleines Schwein, kleines Schwein, gehst du gern zum Jahrmarkt?» – «Zum Jahrmarkt gehe ich für mein Leben gern!» – «Gut, morgen früh hole ich dich schon um fünf Uhr früh ab.»

Aber am nächsten Tag ist das Schweinchen schon mit der Sonne aufgestanden und zum Jahrmarkt gegangen. Dort fährt es mit dem Karussell, geht ins Kasperletheater und am Ende kauft es sich noch ein funkelnagelneues Butterfass – und will es heimtragen. Wie es aber den Berg hinunter will, wer kommt ihm da in der Ferne entgegen? Das ist der Wolf, der ist auch schon früh aufgestanden. Was tun? Wenn es weitergeht, läuft es dem Wolf gerade in die Arme. Weit und breit kein Busch, kein Baum, kein Haus, wo es sich verstecken könnte! Da fällt dem Schweinchen etwas ein. Schnell steigt's in sein Butterfass, hält den Deckel von innen zu und lässt sich den Berg hinunterkollern, über Stock und Stein. Das war ein Gerumpel und Gepumpel! Das Schweinchen drinnen quietscht. Der Wolf bekommt einen mächtigen Schrecken, nimmt den Schwanz zwischen die Beine und läuft davon, so schnell er nur kann. Das Schweinchen aber steigt hinaus, trägt sein Butterfass heim, stellt es in die Ecke und macht

das Türchen fest zu. Da klopft es auch schon an der Tür. «Kleines Schwein, kleines Schwein, lass mich hinein!» – «Ja, warum bist du denn nicht zum Jahrmarkt gekommen?», fragt das Schweinchen. «Weißt du, ich wollte schon hin, aber da ist mir etwas Großes, Rundes entgegengekommen mit furchtbarem Lärm, da habe ich so einen Schrecken gekriegt, dass ich wieder umgekehrt bin.» – «Hast du einen Schrecken gekriegt?», sagt das Schweinchen, «da war nämlich ich drin, ich war drin!»

Nun wird der Wolf sehr zornig und will mit Gewalt bei der Tür hinein und will das Schweinchen fressen. Die Tür ist fest zu. Er versucht es durch das Fenster, da geht's auch nicht. «Ei», denkt der Wolf, «jetzt fress ich das Schweinchen, und wenn ich beim Rauchfang hinein muss» und beginnt gleich, die Mauer hinaufzusteigen. Aber das Schweinchen hat gleich bemerkt, was der Wolf vorhat, hat im Herd ein Feuer angezündet, hat den größten Suppentopf aufgesetzt, den es hatte, genau unter dem Rauchfang. Der Wolf klettert hoch. «Jetzt fress ich aber das Schweinchen», denkt er und springt durch den Kamin hinein, gerade in den Suppentopf. Das Schweinchen tut den Deckel drauf und kocht den Wolf und isst ihn auf zum Abendschmaus.

Das winzige, winzige Weiberl

Aus Österreich

Da is amal a klawinziges, winziges Weiberl
gwesen,
das hat in an klawinzigen, winzigen Hauserl
gwohnt.
Und bei dem klawinzigen, winzigen Hauserl
is a klawinziges, winziges Stallerl gwesen.
Und in dem klawinzigen, winzigen Stallerl,
da is a klawinziges, winziges Kuherl gwesen.
Und das klawinzige, winzige Kuherl
hat dem klawinzigen, winzigen Weiberl
a klawinziges, winziges Tropfel Milch geben.
Da ist a klawinziges, winziges Katzerl kommen,
das hat das klawinzige, winzige Tropferl Milch
austrunken.
Da hat das klawinzige, winzige Weiberl gsagt:
«Du schlimmes Katzerl, saufst mir mein klawinziges, winziges Tropferl Milch aus!»
Da hat das klawinzige, winzige Kuherl
dem klawinzigen, winzigen Weiberl
noch a klawinziges, winziges Tropferl Milch
geben!
Da ist das klawinzige, winzige Weiberl wieder
ganz und gar zufrieden gwesen.

Die Geschichte von Henny-Penny

Aus dem Englischen

Es war einmal ein Hühnchen, das hieß Henny-
Penny. Eines Tages im Herbst, als Henny-Penny
im Hühnerhof Körnlein aufpickte, fiel ihr eine
Eichel auf den Kopf. «Ei», rief Henny-Penny,
«der Himmel fällt ein! Da muss ich sofort
zum König, ihm zu sagen, dass der Himmel
einfällt!»

Gleich machte sich Henny-Penny auf den
Weg; da begegnete ihr Cocky-Locky, das war
der Hahn, weißt du. «Ei, guten Tag Henny-
Penny, wohin so eilig?» – «Ich muss zum Kö-
nig, ihm zu sagen, dass der Himmel einfällt.»
– «Darf ich mitgehen?», fragte Cocky-Locky.
«Freilich, komm nur mit». Und so gingen sie
zusammen weiter.

Da begegnete ihnen Goosy-Poosy, das war
die Gans, weißt du. «Ei, guten Tag Henny-
Penny und Cocky-Locky, wo geht ihr denn
miteinander hin?» – «Wir gehen zum König,
ihm zu sagen, dass der Himmel einfällt.» –
«Darf ich mitgehen?», fragte Goosy-Poosy.
«Freilich», sagten Henny-Penny und Cocky-
Locky. Und so gingen sie zusammen weiter.

Da begegnete ihnen Ducky-Daddles, das

war die Ente, weißt du. «Ei, guten Tag Henny-Penny und Cocky-Locky und Goosy-Poosy, wo geht ihr denn miteinander hin?» – «Wir gehen zum König, ihm zu sagen, dass der Himmel einfällt.» – «Darf ich mitgehen?», fragte Ducky-Daddles. «Freilich», sagten Henny-Penny und Cocky-Locky und Goosy-Poosy. Und so gingen sie zusammen weiter.

Da begegnete ihnen Turkey-Lurkey, das war der Truthahn, weißt du. «Ei, guten Tag Henny-Penny und Cocky-Locky und Goosy-Poosy und Ducky-Daddles, wo geht ihr denn miteinander hin?» – «Wir gehen zum König, ihm zu sagen, dass der Himmel einfällt.» – «Darf ich mitgehen?», fragte Turkey-Lurkey. «Freilich», sagten Henny-Penny und Cocky-Locky und Goosy-Poosy und Ducky-Daddles. Und so gingen sie zusammen weiter.

Da begegnete ihnen Foxy-Woxy, das war der Fuchs, weißt du. «Mmm», sagte Foxy-Woxy. «Mmm, Henny-Penny und Cocky-Locky und Goosy-Poosy und Ducky-Daddles und Turkey-Lurkey, wo geht ihr denn alle miteinander hin?» – «Wir gehen zum König, ihm zu sagen, dass der Himmel einfällt.» – «Ei», sagte Foxy-Woxy, «das ist ein langer Weg, da weiß ich eine Abkürzung, die kann ich euch zeigen.» Also drehten sie sich alle um und gingen Foxy-Woxy nach, erst Turkey-Lurkey, dann Ducky-Daddles,
dann Goosy-Poosy, dann Cocky-Locky und zuletzt Henny-Penny.

Foxy-Woxy aber führte sie zu seiner dunklen Höhle. «Da müsst ihr durch», sagte Foxy-Woxy und ging voraus. Schwupps, zog er Turkey-Lurkey herein und schwupps, zog er Ducky-Daddles herein und schwupps, zog er Goosy-Poosy herein und schwupps, zog er Cocky-Locky herein. Aber Cocky-Locky konnte gerade noch krähen. «Kikeriki!» Das hörte Henny-Penny und rief: «Ei, da kräht ja Cocky-Locky, höchste Zeit, dass ich mein Ei lege.» Eilig lief Henny-Penny zurück zum Hühnerhof und Foxy-Woxy hat sie nicht erwischt. Freilich kam Henny-Penny auch nie zum König, ihm zu sagen, dass der Himmel einfällt.

Kasperl befreit das Elfchen

Von Hans Zahlingen (Text und Musik)

Es war an einem schönen Sommerabend, der Silbermond stand hoch am Himmel über der grünen Waldwiese. Glühwürmchen mit ihren Lichtlein zogen vorbei. Da schwebte ein Elfchen durch die laue Luft, wiegte sich im Tanze, ein leises Singen und Klingen war zu hören:

Wie lieb - lich ist's   zu schwe-ben
auf mond - er - hell - tem Plan,
was kann   es Schön' - res   ge - ben,
wenn man   nur tan - zen kann.

Dann ließ es sich am Elfenhügel nieder und verweilte dort halb im Traum.

Hinter einem Stein aber hockte ein arger Zwerg, der wollte das Elfchen fangen. Oft schon hatte er versucht, es in seine Höhle zu locken, wo er Gold und Silber zusammengetragen hatte. Des Elfchens Heimat aber war das Licht, da wollte es auch bleiben. Nun aber schlich sich der Zwerg heran, packte das Elfchen, trug es zu seinem Berg und sprach:

> Öffne dich, du hoher Berg!
> Dein Herr gebietet's dir, der Zwerg.
> Sieh drin im Berge glüht das Gold,
> da sollst du wohnen zart und hold.
> Geh nur hinein mein schönes Kind.
> Ich schließe zu geschwind, geschwind.

Da half kein Bitten, er drängte das Elfchen in die Höhle und rollte noch einen schweren Stein davor. Dann ging er fort, Glühwürmchen wollte er jagen und Fischlein fangen im Weiher.

Elfchen aber war gefangen, niemand hörte sein Klagen, niemand kam vorbei.

Endlich aber kam doch jemand gegangen. Der Kasperl war's mit leerer Tasche und leerem Magen, das Herz aber war ihm voll von Fröhlichkeit und frischem Mut. Er sang sich ein lustiges Liedchen:

In der Nacht is finster, es is a alte G'schicht, ich aber bin der Kasperl und fürcht' mich nicht.

Da hörte er etwas leise rufen: «Kasperl, Kasperl.»
War's vielleicht eine Grille, die da zirpte? – Nein, eine Grille war es nicht, sondern ein feines Stimmchen mitten aus dem Berg:

Kasperl, Kasperl, bin gefangen,
sitze hier im tiefen Berg.
Der mich fing, ist fortgegangen,
der abscheulich böse Zwerg.

«Was, ein Zwerg hat dich gefangen, und im Berg sitzt du? Na, so komm doch heraus!»

Kann nicht, lieber Kasperl, ach,
Stein zu schwer und ich zu schwach.

«Ach so, der Stein», sagte Kasperl. «Vielleicht ist es besser, du bleibst drin, wer weiß, wie du ausschaust, wer bist du denn überhaupt?»
«Ein kleines Elfchen wunderfein.»
«Ja, was fang ich mit einem Elfchen an, ich brauch ein kräftiges Dirndl.»
«Aus Mitleid, lieber Kasperl, hilf aus Menschenmitleid, Kasperl. Im dunklen Berg ertrag ich's nicht, ach lass mich wieder heim ins Licht!»

Da hatte der Kasperl Mitleid mit dem Elfchen und wollte den schweren Stein wegwälzen, doch der böse Zwerg packte ihn von hinten und wollte mit ihm kämpfen. Der Kasperl aber gab ihm einen tüchtigen Schlag, da war er dahin.
Wie aber sollte der Kasperl den schweren Stein wegrollen, der war ja viel zu schwer! Da wusste das Elfchen Rat und rief:

Ein starker Riese wohnt im Wald,
wenn du ihn rufst, erscheint er bald.
Speckelfraß heißt er, ist täppisch und gut,
hab keine Sorge, dass er dir was tut!

«Speckelfraß, das ist ein lustiger Name, hoffentlich frisst er nur Speck und nicht auch mich. Will's halt versuchen, werd ihn rufen: Speckelfraß, Speckelfraß …»

Da erwachte der Riese aus seinem Schlaf, er reckte sich und gähnte laut und wunderte sich, was denn der Kasperl wollte. Als aber das Elfchen ihm erzählte, der Kasperl habe den bösen Zwerg besiegt, da lachte der Speckelfraß:

> Haha, haha, wie freut mich das,
> das ist ein Riesen-, Riesenspaß.

Mit einem Ruck schob er den Stein vom Gefängnis.

> Hauruck, Hauruck, fort ist der Stein,
> nun komm heraus, du Elfchen fein.

Wie staunte da der Kasperl über seine Schönheit, und als es ihm gar als Dank von dem Golde schenkte und ihm die Hand zum Tanze bot, war er vollends vergnügt.

> Wie lieblich ist's zu schweben
> auf monderhelltem Plan.
> was kann es Schönres geben,
> wenn man nur tanzen kann.

Das gefiel auch dem Speckelfraß sehr gut, er klatschte in die Hände und wollte auch mit dem Elfchen tanzen. Doch das mochte das Elfchen nicht, zu zart und fein war es für seine ungeschlachte Kraft. «Nun ja», sagte der Riese. «Willst du nicht mit mir tanzen, so fang ich mir einen Bären, den will ich das Tanzen lehren!»

Richtig, da tapste schon einer daher mit lautem Gebrumm:

> Brumm, brumm. – Kumm, kumm.
> Brumm, brumm. – Kumm, kumm.
> *(kleines Fangspiel)*

So fasste er den Bären, und fröhlich drehte sich der Ringelreihen auf der Waldwiese zur Sommerszeit. Kasperl und Elfchen, Riese und Bär sangen immer wieder:

> Wie lieblich ist's zu schweben
> auf monderhelltem Plan,
> was kann es Schönres geben,
> wenn man nur tanzen kann.

Was Urgroßmutter erzählt

Aus den USA

Es war einmal ein kleines, rosenrotes Elfenwesen. Es hatte ein schönes Daheim, weich
ausgestattet mit feinsten Daunen aus zartem
Entenflaum; darinnen duftete es nach Tannen-
reisig, und es war da reichlich Raum für die
kleinen Schätze, die es besaß. Eines Tages, als
das Elfenwesen rote Beeren sammelte, kam es
an ein kleines Dorf, in dem überhaupt keine
Kinder lebten. Traurig waren die Leute da bei
ihrer täglichen Arbeit – keiner backte Pfeffer-
kuchenmännlein, keiner sang fröhliche Lieder
und keiner erzählte die schönen Geschichten,
die Kinder so gerne hören. Da dachte der kleine
Elf: «Ich muss Kinder in das Dorf bringen, damit
sie das Herz der Menschen erfreuen.»

Er ging zu der weisen alten Eule und fragte
sie um Rat. «Drei Dinge musst du mir bringen»,
sagte die Eule, «dann sollen schon Kinder in
das Dorf kommen!» Die drei Dinge, die die
Eule verlangte, waren ein immergrüner Zweig
von der Schierlingstanne, ein Federchen vom
blauen Häher und ein bunter Edelstein. Als das
Elfenwesen das hörte, wurde es froh und traurig
zugleich. Froh, weil es ja diese Schätze besaß,

traurig, weil es sie nun hingeben sollte. Aber es
wusste doch gleich, was es tun wollte. Schnell
eilte es heim und brachte der Eule die drei
Schätze. «Weise Eule», sagte es, «hier bringe
ich den Zweig, die Feder und den Edelstein.»

Genau zu der Zeit kamen die ersten Kinder
ins Dorf und immer neue dazu. Wie freuten sich
die Eltern und jubelten über ihre Kinderlein!

Es dauerte nicht lange, da duftete es in den
Dorfstraßen nach Pfefferkuchen, da hörte man
die Kinder fröhliche Lieder singen und sah die
Mütter sitzen und ihren Kindern schöne Geschichten erzählen. Die Eltern waren voll Dank-
barkeit und wanderten hin zu der weisen alten
Eule. «Wie ist es denn zugegangen, dass die
Kinder uns gefunden haben?» Nun erzählte
die Eule alles, auch, wem sie ihr Glück verdank-
ten. Da sammelten die Eltern drei ebenso kost-
bare Schätze und brachten sie dem Elfenwesen – einen duftenden immergrünen Zweig,
eine blaue Feder und einen leuchtenden
Edelstein.

Gestern hab i Kugerl gschieben

Aus Österreich

Gestern hab i Kugerl gschieben,
Kugerl is mir übrigblieben.
Kugerl hab i Jungfrau geben,
Jungfrau hat mir Kranzerl geben.
Kranzerl hab i Kuherl geben,
Kuherl hat mir Milch geben.
Milch hab i Ferkerl geben,
Ferkerl hat mir Borsten geben.
Borsten hab i Lehrer geben,
Lehrer hat mir Batzerl geben.
Batzerl hab i Maurer geben,
Maurer hat mir Haus baut.
Hab i beim Guckerl rausgschaut!

Die Pfanne

Aus Südtirol

Es war einmal ein armes Mädchen, das lebte hoch oben in den Bergen und half den Bauern beim Grasmähen auf den Wiesen, dort, wo es ganz steil war. Das war eine mühsame Arbeit, das Mädchen war aber immer fleißig und freundlich, und als sie eines Tages von der Arbeit ausruhten und ihr Brot und ihren Käse aßen, erblickte sie an der Bergwand drüben einen Zwerg. «Gewiss ist er auch hungrig», dachte das Mädchen, brach ein Stück vom Brot ab und auch vom Käse und warf es dem Zwerg zu. Der fing beides geschickt auf und verschwand sogleich damit. Am nächsten Abend, als die Bauern sich nach dem Mähen auf den Heimweg machten, erblickte das Mädchen den Kleinen wieder an der gleichen Stelle, und diesmal winkte er ihr, ihm zu folgen. Das tat sie auch, und das Zwerglein führte sie zu seiner Höhle, da stand eine große, glänzende, kupferne Pfanne. «Was meinst du», fragte der Zwerg, «wie viel Kinder kann man da drin baden?» – «Sieben, denke ich», erwiderte das Mädchen, «wenn man sie im Kreise setzt.» – «Richtig, aber für uns ist sie zu groß, ich schenke sie dir»,

sagte der Zwerg. Das Mädchen bedankte sich, lud sich die schwere Pfanne auf den Rücken und brachte sie heim zu Mutter und Geschwistern. Sie taten ein bisschen Essen hinein, um es zu kochen – aber seht nur, es wurde immer mehr und mehr, und sie konnten sich endlich einmal ganz satt essen. Nun brauchten sie nicht mehr Hunger leiden, die kupferne Pfanne bereitete immer genug für alle zu.

Das Mädchen wuchs heran und eines Tages kam ein junger Bauersmann und nahm sie zur Frau. Bald bekamen sie auch ein Kindchen, dann noch eins und jedes Jahr wieder eins, bis es ihrer sieben waren. Die Pfanne hatten sie in ihre neue Hütte mitgenommen. Sie sorgte stets für reichliches Essen, auch wenn nur wenig hineingetan wurde.

Jeden Monat aber, wenn der Mond rund und voll über dem Berge stand, bereitete die junge Mutter eine besonders gute Speise in der kupfernen Pfanne und stellte sie vor die Türe. Da kam alsbald das Zwerglein herbei und brachte viele kleine Wichtlein mit, Männlein und Weiblein, die ließen sich den köstlichen Schmaus gut schmecken und stellten die Pfanne blitzblank wieder zurück. Die sorgte weiter für Vater, Mutter und die sieben Kinder, ihr Leben lang.

Vom Häschen, das rote Flügel haben wollte

*Ein Märchen der Afro-Amerikaner,
nach C. S. Bailey*

Es war einmal ein kleines weißes Häschen mit zwei schönen langen rosa Ohren, hellroten Äuglein und vier weichen Füßchen – so ein schönes kleines weißes Häschen, aber es war nicht froh.

Denkt nur, das kleine weiße Häschen wollte immer etwas anderes sein als das liebe Häschen, das es war. Wenn Herr Buschigschwanz, das Eichhörnchen, vorbeikam, sagte das kleine weiße Häschen zu seiner Mutter: «0h Mami, ich möchte doch auch so einen langen Schwanz haben wie Herr Buschigschwanz.»

Und wenn Herr Stachelschwein vorbeiging, sagte das kleine weiße Häschen zu seiner Mutter: «Ach Mami, ich möchte auch einen Rücken voll langer Stacheln wie Herr Stachelschwein.»

Wenn aber Frau Watschelente in ihren zwei roten breiten Stiefeln vorüberging, sagte gleich das kleine weiße Häschen: «Ach Mami, ich wollte, ich hätte auch solch rote Stiefel wie Frau Watschelente.»

So ging das immerzu, es wünschte und wollte immer etwas anderes, bis seine liebe Mutter schon der ewigen Wünsche ganz müde wurde und Herr Maulwurf das hörte. Der alte Herr Maulwurf war schon sehr weise, und so sagte er zu dem kleinen weißen Häschen: «Warum gehst du denn nicht einfach hin zum Wünscheteich, und wenn du dich da im Wasserspiegel anguckst und dich dreimal herumdrehst, dann wird dir dein Wunsch erfüllt.»

Also machte sich das kleine weiße Häschen auf den Weg, ganz allein, bis es zu einer kleinen grünen Wasserlache in einem hohlen Baumstumpf kam, das war der Wünscheteich. Da saß am Rande ein kleines rotes Vögelchen, das wollte gerade trinken, und sobald das kleine weiße Häschen das Vöglein erblickte, wollte es gleich wieder etwas Neues. «Ach, ich wollte, ich hätte ein paar rote Flügelchen», rief es. Es guckte gerade in den Wünscheteich und sah sein weißes Gesichtchen. Dann drehte es sich dreimal herum. Und da geschah es. Es fühlte etwas Seltsames zwischen seinen Schultern, und wirklich, da kamen zwei Flügelchen durch. So saß es den ganzen Tag beim Wünscheteich, bis sie endlich ausgewachsen waren, und bei Sonnenuntergang machte es sich auf den Heimweg, um seiner Mutter die schönen, weiten roten Flügel zu zeigen.

Als das Häschen heimkam, war es schon dunkel und als es an dem großen Loch unter dem großen Baum stand, wo sie wohnten, erkannte es seine Mutter gar nicht. Nein, sie erkannte es wirklich nicht, sie hatte ja in ihrem ganzen Leben nie einen Hasen mit roten Flügeln gesehen. Und so musste das kleine weiße Häschen fortgehen, einen anderen Schlafplatz zu suchen, denn sie öffnete die Türe nicht. Es ging und ging, bis es endlich an Herrn Buschigschwanz' Haus kam; da klopfte es an die Türe und sagte: «Bitte, lieber Herr Buschigschwanz, darf ich bei dir übernachten?»

Aber Herr Buschigschwanz öffnete seine Tür nur einen Spalt weit und schlug sie wieder fest zu. Weißt du, er hatte ja noch nie im Leben ein weißes Häschen mit roten Flügeln gesehen.

So ging das kleine weiße Häschen weiter und weiter, bis es an Frau Watschelentes Nest kam, unten beim Sumpf. Da sagte es: «Bitte, Frau Watschelente, darf ich heute in deinem Nest übernachten?»

Aber Frau Watschelente hob ihren Kopf nur ein wenig über den Nestrand, dann schloss sie ihre Augen gleich wieder und breitete ihre Flügel ganz weit über ihr Nest. Sie hatte noch nie im Leben einen weißen Hasen mit roten Flügeln gesehen, weißt du!

So ging der kleine, weiße Hase immer weiter, bis er an Herrn Maulwurfs Schlupfloch kam, und Herr Maulwurf ließ ihn bei sich übernachten. Aber leider war sein ganzer Fußboden mit Bucheckern bedeckt. Herr Maulwurf schlief gerne darauf, aber dem kleinen weißen Häschen taten sie weh an den Füßchen und drückten es überall bis zum Morgen.

In der Frühe wollte das kleine weiße Häschen seine Flügel ausprobieren und ein bisschen fliegen; also kletterte es auf einen Hügel, breitete die Flügel aus und segelte dahin; leider landete es in einem Strauch voller Dornen, und seine vier Füße verwickelten sich ganz in den Zweigen, sodass es gar nicht mehr herauskonnte. Da jammerte es: «Mami, Mami, Mami, komm und hilf mir!» Die konnte es gar nicht hören, doch hörte es Herr Maulwurf, der kam und half dem kleinen weißen Häschen aus dem stacheligen Strauch heraus. «Willst du vielleicht deine roten Flügel gar nicht mehr haben?», fragte er. «Nein, nein», schrie das kleine weiße Häschen. «Nun dann», sagte der alte Herr Maulwurf, «warum gehst du nicht zum Wünscheteich und wünschst sie dir wieder weg?»

Da ging das kleine weiße Häschen gleich hin zum Wünscheteich und sah sein Gesicht darin. Dann drehte es sich dreimal herum, und siehe da, weg waren die roten Flügel!

Schnell lief es heim zu seiner Mutter, die erkannte es sofort wieder und war so froh, ihr Kind wieder zu haben. Das kleine weiße Häschen wollte aber von da an gewiss nie mehr anders sein, als es der liebe Gott geschaffen hatte.

Moosmännlein

Sommerliches Puppenspiel nach H. Rolka, Musik von L. Bittrich

Musik. – Schnecke kriecht langsam übers Gras.

Erzähler:
Kannst du im Walde behutsam sein, nicht singen, nicht rufen und auch nicht schrein? Dann komm, denn heute da kann es geschehn, dass wir die kleinen Moosmännlein sehn, die im Walde hausen bei Farnkraut und Gras! Doch still! Ich glaub, da rührt sich was!

Moosmännlein-Lied – 1. Strophe:

Schnell, nur schnell die Was-ser-tröpf-chen,
schnell, nur schnell ins Was-ser-töpf-chen,
zu dem küh-len Wal-des-fleck,
rasch in un-ser Moos-ver-steck.

2. Strophe:
Schnell, nur schnell die Wassertröpfchen,
schnell, nur schnell ins Wassertöpfchen,
naht des Sommers heiße Glut,
tränken wir die Erde gut.

Der Älteste:
Ich bin Moosmännlein Frauenhaar,
ich wohne im Wald schon tausend Jahr,
ich spür es genau, die Hitze kommt bald,
der Feuermann frisst uns die Wiese, den Wald.
Drum sputet euch schnelle,
schafft Wasser zur Stelle!

Moosmännlein-Lied – 1. Strophe

Erzähler:
Was macht denn das kleine Hümpelchen?
Es trägt auch sein Wasser zum Tümpelchen,
denn jedes einzelne Tröpflein ist gut,
für die Wurzeln in heißer Sonnenglut.

Moosmännlein-Lied – 2. Strophe

Musik – Schmetterlinge fliegen.

34

Elfenlied 1. Melodie

Schon kom-men die luf - ti-gen Schwes-ter-lein,

die Syl-phen und Fal - ter und Bien-chen fein,

und ko - sen die Blüm-lein im Son - nen-schein

und tan-zen den duf - ti - gen Rin - gel-reih'n!

Gelbe Elfe schwebt herein:
Versteckt euch, liebe Schwesterlein,
der Feuermann kommt da herein,
der Feuermann tanzt und sprüht seine Funken,
und viele Blumen sind umgesunken,
drum fort und in die Hecken,
wir müssen uns verstecken!

Alle Elfen:
Drum fort und in die Hecken,
wir müssen uns verstecken!

Feuermanns Tanz

Er spricht:
Ich bin der Feuermann,
ha, wie ich brennen kann!
Ich trink euch den Saft,
ich nehm euch die Kraft,
ihr seid mir zu bunt,
ihr Blumen im Grund!

Elfenlied 2. Melodie

Oh kommt und helft, ihr Moos-männ-lein,

und bringt das küh - le Was-ser rein,

ach schöpft es aus dem Wal - des-quell

und löscht das hei - ße Feu - er schnell!

Moosmännlein-Lied:
Schnell, nur schnell die Wassertröpfchen,
schnell, nur schnell ins Wassertöpfchen,
jeder bringt so viel er kann,
löschen wir den Feuermann.

Sie sprechen zweimal:
Löscht das Feuer, löscht das Feuer,
schnelle, schnelle, schnelle!
Feuermann du musst vergehn,
schnelle, schnelle, schnelle!
Verlöscht ist des Feuers heller Schein,
Sylphen, Schwestern, schwebt herein.

Elfenlied – 1. Melodie:
Habt Dank nun ihr Wichtlein, ihr Moosmännlein,
verlöscht ist das Feuer, die Luft ist rein.
Nun schweben wir wieder im Sonnenschein,
kommt mit uns zum Tanze, zum Ringelreihn!

Tanzlied – mehrmals, Moosmännlein und Sylphen:
Schlusstanz

Nun lasst uns al - le fröh - lich sein
und tan - zen ei - nen Rin - gel - reih'n!

Die wilden Schwäne

Eine russische Geschichte

Es waren einmal ein Vater und eine Mutter, die hatten zwei Kinder, ein Mädchen, das war schon größer, und ein Söhnchen, das lag noch in der Wiege. Eines Tages sagten die Eltern zu dem Mädchen: «Wir wollen in die Stadt gehen einkaufen, bleibe du daheim bei dem Bruder und gib gut auf ihn acht, wir wollen dir auch ein hübsches Halstüchlein mitbringen.» Das versprach das Mädchen gerne. Vater und Mutter gingen fort, das Mädchen aber tanzte um das Brüderchen herum und sang dazu.

Vor lauter Singen und Tanzen vergaß es sein Versprechen und lief ins Freie, um zu spielen, immer weiter fort.

Da kamen von ferne die wilden Schwäne geflogen.

(Musik)

Sie ließen sich bei dem Häuschen nieder und trugen das Brüderchen fort.

Als das Mädchen wieder heimkam und das Brüderchen nicht fand, erschrak es sehr und fing zu weinen an. Dann aber lief es fort, um das Brüderchen zu suchen. Es lief und lief, bis es zu einem Backofen kam, den fragte es: «Backofen, lieber Backofen, hast du vielleicht mein Brüderchen gesehen?» – «Iss erst von meinem Gerstenbrot», sagte der Backofen. «I wo», rief das Mädchen, «ich esse nicht einmal feine Weizenbrote, wo werde ich denn dunkles Gerstenbrot essen.» – «So will ich dir auch nicht sagen, wo du dein Brüderlein finden kannst», sagte der Backofen. Da lief das Mädchen weiter, bis es zu einem Holzapfelbäumchen kam.

«Holzapfelbäumchen», rief das Mädchen, «hast du vielleicht mein Brüderchen gesehen?» – «Iss erst von meinen Äpfelchen», sagte das Bäumchen. «I wo», rief das Mädchen, «ich esse nicht einmal feines Tafelobst, wo werde ich denn deine sauren Äpfel essen!» – «So will ich dir auch nicht sagen, wo du dein Brüderlein finden kannst», erwiderte das Holzapfelbäumchen. Das Mädchen lief weiter, bis es zu einem Milchbächlein kam, das floss zwischen Ufern aus Honig und hellem Gelee. «Milchbächlein, lieber Milchbach», sagte das Mädchen, «hast du vielleicht mein Brüderlein gesehen?» – «Trinke Milch, iss Honig und hellen Gelee», sagte das Milchbächlein. Das aber wollte das Mädchen nicht, und weil ihm das Bächlein auch nichts sagen wollte, sprang es über die Steine und auf die andere Seite.

Da kam es an ein Häuschen, das stand auf Hühnerfüßen, daneben stand ein Spinnrad und die Baba Jaga spann darauf und sang dazu:

Melodie: B. Zahlingen

Spin-ne, spin-ne, Rä-de-lein, spin-ne Hanf zum Bin-den, Schwes-ter sucht das Brü-der-lein, ei, wo wird sie's fin-den? (Echo)

«Guten Abend, altes Mütterchen», sagte das Mädchen. «Darf ich hier ein wenig rasten? Ich bin weit gewandert über Sümpfe und Moor, und meine Füße sind nass!»

«Setze dich und spinne», sagte die Alte und ging hinters Haus. Das Mädchen setzte sich ans Rädchen und spann.

(Spinne, spinne, Rädelein …)

Da kam ein Mäuslein gelaufen und bat um ein Weizenkorn. Das gab ihm das Mädchen gerne, und das Mäuschen fing an zu sprechen und sagte: «Danke schön, ich will dir sagen, wo 37 dein Brüderlein ist. Die alte Hexe hat es und will es fressen und dich dazu.» Da weinte das Mädchen bitterlich.

«Weine nicht», sagte das Mäuschen, «du hast mir ein Körnlein gegeben, ich will dir auch helfen. Geh' ins Haus und hole dein Brüderlein und laufe schnell heim, ich will währenddessen für dich spinnen!»

«Danke, liebes Mäuschen», sagte das Mädchen, ging ins Haus und fand das Brüderchen, nahm es auf den Arm und eilte fort.

«Töchterchen, was machst du?», rief die alte Hexe. «Ich spinne», sagte das Mäuslein.

(Spinne, spinne …)

Noch einmal fragte die Baba Jaga, und wieder antwortete das Mäuslein:
«Ich spinne.»

(Spinne, spinne …)

Beim dritten Mal aber merkte die Hexe, dass es das Mäuslein war, das sang, und schickte die wilden Schwäne hinter den Kindern her.

Eben kamen sie zum Bächlein, da hörten sie das Flügelrauschen.

(Musik)

«Milchbächlein, verstecke mich, die wilden Schwäne sind hinter mir her und wollen mich und mein Brüderchen holen!» – «Trinke Milch, iss Honig und Gelee», sagte der Bach. Es aß und trank, und das Bächlein versteckte es unter seinen Wellen, und als die wilden Schwäne kamen, fanden sie es nicht. «Danke, liebes Bächlein», rief das Mädchen und lief eilends weiter.

Als es aber zum Apfelbäumchen kam, hörte es wieder das Flügelrauschen der wilden Schwäne. «Holzapfelbäumchen, bitte verstecke mich und mein Brüderlein, die wilden Schwäne sind hinter uns her und wollen mich und mein Brüderlein holen!» – «Iss von meinen Äpfeln», sagte das Bäumchen. Das Mädchen aß die sauren Äpfel, und das Bäumchen versteckte es unter seinem Laub, und als die wilden Schwäne kamen, fanden sie nichts. «Danke, liebes Bäumchen», sagte das Mädchen und lief weiter.

Als es nun zum Backofen kam, da hörte es die Schwäne zum dritten Mal. *(Musik)* «Backofen, lieber Backofen», rief es, «verstecke mich, die wilden Schwäne sind hinter mir her und wollen mich und mein Brüderlein holen!» – «Iss von meinem Gerstenbrot!» Das Mädchen aß das dunkle Brot und kroch in den Backofen. Die Schwäne kreisten über dem Backofen, aber als sie wieder nichts fanden, kehrten sie um, flogen zurück zur Baba Jaga und wurden nie mehr gesehen.

«Danke lieber Backofen», rief das Mädchen und schnell lief es nach Hause.

Da kamen gerade die Eltern wieder heim. Wie freuten sie sich, als sie Brüderchen und Schwesterchen wohlbehalten fanden.

Sie schenkten dem Mädchen das Halstüchlein und alle tanzten zusammen und sangen:

Melodie: W. Klein

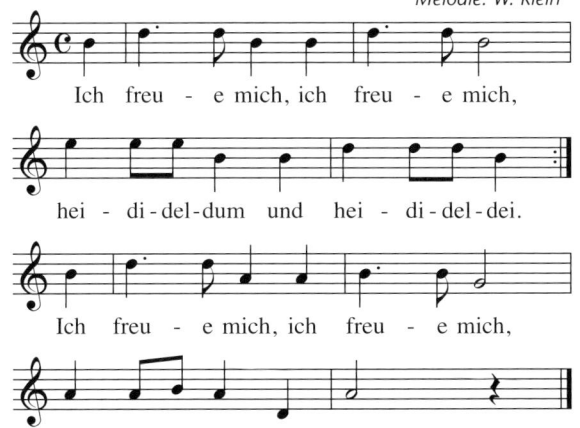

Maschenka und der Bär

Nach einem russischen Märchen

Es waren einmal ein Großväterchen und ein Großmütterchen, die wohnten in einer Hütte am Waldesrand. Sie hatten ein Enkelkind, das hieß Maschenka. Eines Tages wollte Maschenka in den Wald gehen und sprach:

Großväterchen, Großmütterlein,
ich mag nicht länger drinnen sein,
ich möchte in den Wald hinaus,
um Pilze und um Beeren.
Ach, lasst mich doch gewähren!

Da antworteten die Großeltern:
Geh nur getrost, mein gutes Kind,
und pflück' die Beerlein ganz geschwind,
die Pilze auch, die vielen,
auf kurz' und langen Stielen.
Nur auf den Weg hab' treulich acht
und komm nach Hause noch vor Nacht!

Maschenka ging in den Wald, sie pflückte die Beeren und Pilze, immer fand sie neue und lief tiefer und tiefer in den Wald hinein. Schließlich hatte sie sich verirrt. Sie lief immer weiter und kam endlich an eine Hütte, die war aus rohen

Holzstämmen gezimmert. Sie klopfte an und
sprach:

> Ach, lasst mich ein, ach, lasst mich ein,
> wer wohnt in dieser Hütte klein,
> wer wohnt in dieser Klause,
> ist niemand denn zu Hause?

Keine Antwort kam, da ging sie hinein und
wartete. In der Hütte aber wohnte ein großer
Bär, und als er abends nach Hause kam und das
kleine Mädchen sah, brummte er:

> Brumm, brumm, brumm,
> wer sitzt denn dort?
> Jetzt lasse ich dich nimmer fort.
> Sollst mir den Ofen heizen,
> sollst mir die Grütze kochen,
> sollst mir das Essen reichen.

Da musste Maschenka bei dem Bären bleiben
und ihm dienen, für ihn kochen und backen,
und wenn er tagsüber in den Wald ging, sagte
er zu ihr:

> Du bleibst zu Haus, du bleibst zu Haus
> und tust mir keinen Schritt hinaus,
> und wenn ich dich im Walde find,
> so fress' ich dich schon ganz bestimmt.

Maschenka hatte solche Sehnsucht nach Großmütterchen und Großväterchen, sie sann und

sann, wie sie es anfangen könnte, wieder heim-
zukommen. Endlich fiel ihr etwas ein. Sie holte
Milch und Mehl und backte einen schönen
Kuchen, einen Gugelhupf, und sprach zu dem
Bären:

> Du brauner Bär, ich bitt' dich sehr,
> lass mich doch in mein Dorf zurück,
> ach, nur für einen Tag!
> Weil ich für mein Großmütterlein,
> weil ich für mein Großväterlein,
> den Kuchen bringen mag.

Aber er wollte sie nicht fortlassen und sagte:

> Brumm, brumm, brumm,
> das kann nicht sein.
> Gib her den Kuchen süß und fein,
> ich trag ihn selbst ins Dorf hinaus,
> du aber bleibst mir fein zu Haus.

Das war Maschenka gerade recht, sie holte den
großen Tragekorb und sprach zu dem Bären:

> Schau her, den Kuchen süß und fein,
> den lege ich in diesen Korb,
> und du trägst ihn hinaus ins Dorf,
> bringst ihn Großmütterlein,
> bringst ihn Großväterlein.
> Doch dass du's weißt, ich sehe dich,
> drum nasche mir vom Kuchen nicht,
> und hebe ja den Deckel nicht!

Szene aus «Maschenka und der Bär» mit Stehpuppen.

Ich klettre auf die Eiche hoch,
und tust du es, seh ich dich doch!
Doch jetzt geh bitte vor das Haus
und schaue nach dem Wetter aus!

Der Bär war's zufrieden, ging zu sehen, ob es etwa regnete oder schneite. Maschenka aber sprang selbst mit dem Kuchen in den Korb und machte den Deckel zu. Als der Bär wiederkam, war Maschenka nicht zu sehen, doch da stand der Korb, den nahm er auf den Arm und machte sich auf den Weg.

Er wanderte und wanderte. Der Kuchen duftete so süß! So setzte er sich auf einen Baumstumpf, um zu rasten und sprach:

Auf den Baumstumpf setz' ich mich,
an dem Kuchen letz' ich mich.

Da rief Maschenka im Korb:
Ich sehe dich, ich sehe dich,
auf den Baumstumpf setz' dich nicht,
an dem Kuchen letz' dich nicht!
Bring ihn Großväterlein,
bring ihn Großmütterlein.

41

Der Bär wunderte sich:

> Guck an, schau, schau,
> ei die ist schlau,
> sie sieht doch alles ganz genau.
> Was die für scharfe Augen hat,
> sie sieht mich hinterm Eichenblatt.

Er nahm den Korb wieder auf und wanderte weiter. Als er schon weit weg war und der süße Duft in seine Nase stieg, versuchte er es nochmals und setzte sich.

> Auf den Baumstumpf setz' ich mich,
> an dem Kuchen letz' ich mich.

Wieder rief Maschenka:

> Ich sehe dich, ich sehe dich,
> auf den Baumstumpf setz' dich nicht,
> an dem Kuchen letz' dich nicht!
> Bring ihn Großväterlein,
> bring ihn Großmütterlein.

Der Bär staunte:

> Guck an, schau, schau,
> ei die ist schlau,
> sie sieht doch alles ganz genau,
> sitzt auf dem hohen Wipfel,
> sieht über alle Gipfel.

Seufzend nahm er den Korb wieder auf und ging ins Dorf. Er klopfte an Großväterchens Haus:

> Bumburum, rasch aufgemacht,
> hab' von Maschenka was gebracht.

Da schlugen die Hunde im Dorf an:

> Wau, wau, wau.

Erschrocken stellte der Bär den Korb hin und lief davon, so schnell ihn seine Füße tragen konnten.

(Musik)

Da kamen Großväterlein und Großmütterlein aus dem Haus. Was stand da für ein Korb? Sie sagten:

> Was mag in diesem Korbe sein?
> Schaun wir mal ein bisschen rein.
> Ein Gugelhupf, ei, ei, so, so,
> und auch Maschenka, frisch und froh!

Wie freuten sich die guten Alten, als sie Maschenka gesund und wohlbehalten wiedersahen, und auch das Kind jubelte vor Freude!

Groß - vä - ter - lein, Groß - müt - ter - lein,

hei - di - del - dei! Ich will nun im-mer

bei euch sein, hei - di - del - dei!

Ma - schen - ka lieb, Ma - schen - ka klein,

du sollst nun im - mer bei uns sein,

hei - di - del - di - del - dei!

Wir tan-zen al - le drei, hei - di-del-di-del-

dei, wir tan-zen al - le drei.

Die drei Orangen

*Nach einem italienischen Märchen,
Musik von B. Goldmann*

Eingangsmusik

Es war einmal ein Königssohn gar frisch und frohgemut. Als er herangewachsen war, wollte er sich eine Braut suchen, doch er wollte nur eine, die nicht von einer gewöhnlichen Mutter geboren war. Eine solche aber war im ganzen Reiche nicht zu finden; also beschloss er, in die weite Welt zu ziehen. Er nahm nichts mit sich als drei Laib Brot und den Segen seines greisen Vaters. «Wenn du die Jungfrau gefunden hast, komm rasch heim und sage es mir, damit wir euch das Hochzeitsfest bereiten», sprach der alte König.

Der Königssohn wanderte lange Zeit; endlich kam er an einen Kreuzweg und wusste nicht, in welche Richtung er weitergehen sollte.

Da saß ein alter Mann, der konnte kaum mehr sehen und hören und bat um eine milde Gabe. Der Königssohn schenkte ihm einen Brotlaib, da erhob sich der Alte und sprach: «Nun kann ich dir auch zu Diensten sein, sage mir, was du suchst».

Der Königssohn erzählte ihm sein Begehr und der Alte sagte: «Da bist du schon auf dem rechten Wege, gehe nur geradeaus, und du wirst an ein großes Schloss kommen, das von einem wilden, mächtigen Löwen bewacht wird. Wenn er auf dich losspringt, sei ohne Furcht und wirf ihm einen Laib Brot in den Rachen, so wird er dir nichts tun. Gehe getrost an ihm vorbei, so öffnet sich das Tor von selbst. In dem Saale findest du drei Orangen, und wenn du eine öffnest, wird dir daraus eine schöne Jungfrau entgegenkommen. Sorge nur, dass sie gleich einen Trunk Wasser erhält, sonst verwelkt sie so rasch, wie sie erblühte.»

Der Königssohn dankte dem alten Mann für seinen Rat und zog weiter. Er kam an das Schloss, und brüllend sprang ihm der wilde Löwe entgegen. Da warf er ihm den zweiten Laib Brot in den Rachen, und der Löwe legte sich friedlich zu seinen Füßen nieder. Das Tor sprang auf, und er betrat den Saal. Rasch öffnete er die erste Orange, da entstieg ihr eine zarte Gestalt, doch ehe er sich noch umdrehen konnte, Wasser zu holen, war sie dahingewelkt, so schnell, wie sie erblüht war. Voll Ungeduld öffnete er die zweite Orange, und wieder erblühte ihm ein schönes Mädchen, doch da er kein Wasser bereit hatte, verging sie wie die Erste.

Nun war nur noch eine Orange übrig, und der Königssohn sah sich nach Wasser um, um es rechtzeitig zur Hand zu haben, ehe er noch die Frucht öffnete. Da erblickte er neben dem Schlosse einen Teich, der von hohen Pappeln umstanden war. Dorthin trug er die dritte Orange, legte sie ans Ufer und öffnete sie. Eine holdselige Jungfrau, schöner noch als die beiden anderen, erstand vor seinen Augen. Eilig bückte er sich und gab ihr Wasser aus dem Teich zu trinken, da trat sie lebendig auf ihn zu, lächelte und reichte ihm die Hand. Freudig wandelten sie zusammen am Teich entlang, doch dann sprach der Königssohn: «Warte hier auf mich, Liebste, dass ich zu meinem Vater eile und er uns das Hochzeitsfest bereite. Steige indessen hier auf diesen Baum und harre, bis ich wiederkomme.» – «Bleib nur nicht zu lange», sprach sie, «mir ist bange so allein.» Sie erstieg eine Pappel und barg sich in ihren Zweigen.

Eilends machte sich der Königssohn auf den Weg, doch der war weit, und als es Abend wurde, ward er so müde, dass er sich auf einem Stein niederließ und dort einschlief. Indessen kam eine böse Zauberin an den Pappelteich geschlichen, im Spiegel des Teiches erblickte sie das Mädchen in den Zweigen. «Komm doch herunter vom Baume, schöne Jungfrau», rief die Alte, «komm, ich will deine goldenen Haare kämmen, dass sie erglänzen im Mondlicht, wenn dein Königssohn dich holen kommt.»

Arglos stieg das Mädchen herab, doch kaum berührte der Kamm der Zauberin ihr Haar, da ward sie verwandelt in eine weiße Taube, die flog auf und sang:

Lied der Taube

Lei-se, lei-se, lei - se, ge-bannt im Zau-ber-krei-se

ward ein weißes Vö-ge-lein, wo mag nur mein König sein,

lei-se, lei-se, lei - se, ge-bannt im Zau-ber-krei-se.

während des Traumes dieses Ende

Die Hexe setzte sich lachend selbst auf dem Baum zurecht, die Taube aber flog hin zu dem Königssohn, der fest schlief, umkreiste ihn und sang ihr Lied in seinen Traum: «Leise, leise, leise …»

Da erwachte er, das Täubchen war verschwunden, aber ihn trieb es, eilig umzukehren zu seiner Braut, als sei sie in Gefahr. Als er an den Teich kam, erschrak er über die sonderbare Gestalt, die da in den Zweigen hockte. Sie aber kreischte ihm entgegen: «Was weiltest du so lange und ließest mich hier alleine sitzen! Nebel hat meine Stimme ganz rau gemacht, vom Wind sind meine Augen rot geworden, von der Kälte ist meine Haut geschrumpft und vertrocknet. Du bist schuld, rasch hole mich herunter, bring mich in dein Schloss und wärme mich!» Der Königssohn war sehr bekümmert über die traurige Verwandlung, die mit seiner schönen Braut vor sich gegangen war. Doch reichte er der Zauberin die Hand und machte sich langsam auf den Heimweg. Beim Morgenrot umkreiste eine weiße Taube die beiden, leise singend. Wütend wollte die Hexe sie verjagen, schlug nach ihr und schrie: «Jag' es doch weg, das lästige Tier, ich kann sein Singen nicht leiden!»

Der Königssohn aber empfand Mitleid mit dem Vögelein. «Es mag hungrig sein», sagte er, nahm seinen letzten Laib Brot und streute ihn als Krümchen auf den Weg. Gleich ließ sich das Tierlein herab, sie aufzupicken, und der Königssohn strich ihm zärtlich über sein Köpfchen. Da fühlte er etwas Hartes und zog einen Kamm heraus. Im selben Augenblick war die Taube verschwunden, und seine Braut stand vor ihm, jung und schön, wie sie zuvor gewesen. Die Zauberin jedoch ward in einen Nachtvogel verwandelt, der flog kreischend hinter die Pappeln und ward nie mehr gesehen.

Da führte der Königssohn die schöne Jungfrau heim zu seinem Vater, und die Hochzeit ward in Pracht und Herrlichkeit gefeiert.

Schlussmusik

Goldener

Frei nach Ludwig Bechstein

Vorspiel: Musik

Es war einmal ein Vater, der hatte sieben Söhne. Der jüngste davon hieß Goldener, denn er hatte goldene Haare. Wenn sie miteinander fortgingen, sagten seine Brüder: «Goldener, geh du voran, deine goldenen Haare leuchten so, dass wir immer den Weg finden.» Einmal aber, da waren sie doch weit zurückgeblieben, und als Goldener sich umsah, waren sie nicht mehr zu sehen. Er rief nach ihnen und rief, aber keine Antwort kam, nur der Kuckuck war zu hören *(zweimal Kuckucksruf).* Lange wartete er, doch als es Abend wurde, beschloss er, die Nacht im Freien zu verbringen und am nächsten Morgen weiter zu suchen. Er legte sich unter einen Lindenbaum und schlief ein.

Es wurde ganz dunkel, und als der Silbermond am Himmel stand, da erschien ihm im Traum eine lichte Fee, die spann einen goldenen Faden und sang dabei:

Der weiße Fink   *Melodie: E. Jacobs*

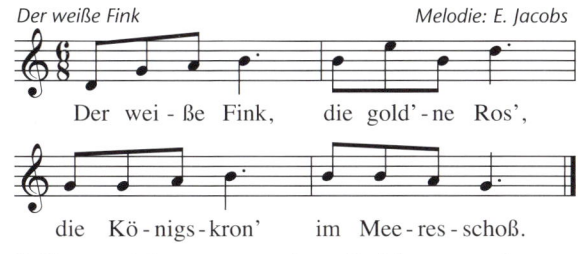

Der wei - ße Fink, die gold' - ne Ros',
die Kö - nigs - kron' im Mee - res - schoß.

Früh am Morgen wachte Goldener auf, ganz anders war ihm nun zu Mute, als sollte er bald den rechten Weg finden. Das Lied der Fee klang noch in seinem Herzen. *(Musik, Melodie: Der weiße Fink …)*

Er wanderte und kam in einen grünen Wald, da schwirrten und schwärmten die kleinen Waldvöglein und sangen so froh:

Die Vögelein im Wald   *Melodie: E. Jacobs*

Flie - gen bun - te Vö - ge - lein,
sin - gen laut und sin - gen fein,
dass _ es _ schallt, dass _ es _ hallt
in dem dun - kel - grü - nen Wald.

Aus den Büschen trat ein Mann, der war ein Vogelfänger. Er fing die Vögelein, tat sie in Käfige und verkaufte sie in der Stadt. Er wunderte sich über den Knaben mit seinen goldenen Haaren, hatte er doch selbst fast gar keine Haare auf dem Kopf. Goldener fragte ihn nach dem Weg, den wusste er ihm nicht zu sagen, aber er wollte ihn gerne bei sich behalten als Gehilfen und zum Lernen. So blieb Goldener bei ihm, tat, was man ihm auftrug und freute sich an den bunten Waldvögelein. *(Musik: Die Vögelein im Wald …)*

Eines Tages sprach der Vogelfänger: «Heute sollst du einmal einen Probefang machen, du wartest hier, und ich verstecke mich da hinten, will sehen, was du fängst!»

Da kamen auch schon die Vögelein, sie flatterten und flogen wieder fort *(Musik: Die Vögelein im Wald …)*, nur ein schneeweißes Vögelein setzte sich Goldener auf die Hand.

«Seht, lieber Herr», so rief er, «dieser wunderschöne weiße Fink blieb mir.»

«Pack dich mit deinem weißen Finken, einen weißen Finken hab' ich noch nie gesehen, das ist wohl Zauberei, du hast es gewiss mit dem Bösen zu tun. Dich will ich nicht mehr sehen!»

Goldener war sehr betrübt, er war sich keiner Schuld bewusst, nichts Böses war in seinem Herzen.

Weiter wanderte er. Das weiße Vöglein flog ihm voran. *(Musik, Melodie: Der weiße Fink …)* Bald fand er sich in einem schönen Garten, da blühten im Sonnenschein viele bunte Blumen.

Im Blumengarten   Melodie: E. Jacobs

Es blü-hen die Blu-men wie Ster-ne so licht,

wie la-chen-de Au-gen im Er-den-ge-sicht.

Ein Gärtner war da, der grub und hackte in der Erde und arbeitete immerzu, dann trug er die Blumen zum Markte.

Goldener fragte ihn nach dem Weg, doch er wusste ihn auch nicht, wollte ihn aber gerne als Gehilfen behalten. So blieb Goldener bei ihm. Er pflegte und goss die Blumen und hielt die Beete rein.

Eines Tages sprach der Gärtner: «Nun wollen wir sehen, ob du etwas Tüchtiges gelernt hast, geh und bring mir einen Zweig wilder Rosen, die wollen wir einmal auf einen Strauch pfropfen.» Das wollte Goldener gerne tun, hatte er doch auf seinem Wege ganz wunderschöne Rosen gesehen. «Bin neugierig, was er bringt», sagte der Gärtner, «der Junge mit seinen gol-

Seidenbild zu «Goldener».

denen Haaren scheint mir hoch hinaus zu wollen!»

«Seht, lieber Herr», rief Goldener, «ich bringe eine goldene Rose!» – «Pack dich mit deiner goldenen Rose, eine solche hab' ich noch nie gesehen, du hast es gewiss mit dem Bösen zu tun. Dich will ich nicht mehr sehen!»

Goldener war sehr betrübt, er war sich keiner Schuld bewusst, nichts Böses war in seinem Herzen!

Weiter wanderte er (*Musik, Melodie: Der weiße Fink …*) und kam zuletzt ans weite blaue Meer, wo ein Schloss auf hohem Felsen stand. Ein Schiff kam gefahren, darin saß ein alter Fischer mit seinen Netzen.

Lied und Vorspiel:

Fischerlied Melodie: W. Klein

1. Fahr, mein Schiff-lein, fah - re,
2. Und des A - bends leuch - ten

auf der blau - en See,
uns die gold' - nen Stern',

und der wei - ße Wim - pel
fahr, mein Schiff - lein, fah - re,

Fine

in dem Win - de weh'!
weit - hin in die Fern'!

2. Viele flinke Fi-sche schwimmen um uns her,

sil-ber-hel-le Mö-wen tan-zen über'm Meer.

«Guten Abend, guter alter Mann», sprach Goldener. «Lass mich in dein Boot, ich will dir helfen, Fische zu fangen. Das Netz ist dir allein zu schwer!»

«Das ist schön von dir, junger Mann, dass du mir Altem helfen willst. Steig nur ein!»

50

Goldener stieg ein, sie fuhren dahin. Am Himmel funkelten die Sterne.

Lied:

Und des Abends leuchten uns die goldnen Stern,
fahr mein Schifflein, fahre, weithin in die Fern.

Goldener neigte sich, das Netz einzuziehen, daraus blinkte ihm eine goldene Krone entgegen. Wie erschrak er und wie fürchtete er, auch der Fischer möchte ihn wegschicken wie die beiden anderen. Doch der alte Mann war weise und wusste es besser. Er sprach:

Heil dir, Goldener – Glück und Heil! –
Eine Krone war dein Teil.
Die Krone lag lang auf dem Meeresgrund,
du hast sie gefunden zur rechten Stund.
Tritt hin an den Strand, es sei dir erlaubt,
und setz die Krone dir auf das Haupt.
(Krone wird aufgesetzt)

Heil dir, Goldener – Glück und Heil! –
Eine Krone war dein Teil.
Die Königstochter, sie harret schon dein,
du sollst nun selbst ein König sein.
Reinen Herzen immerdar –
alte Träume werden wahr!

Lied: Der weiße Fink … (Zweimal, mit Vor- und Nachspiel)

Jahreszeitenspiel

Von Bronja Zahlingen

Vorbemerkung: Dieses Spiel hat eigentlich kaum eine Handlung. Es wendet sich unmittelbar an das Erleben der Sinne, die in lebensvoller Tätigkeit mitvollziehen können, was im Jahreszeitengeschehen durch den Wechsel der Farben und Gestalten sichtbar wird: Wenn sorgfältig über die grünen Schleier an den Bäumen gelbe und orangefarbene gebreitet werden, wenn die bunten Blätter – grün, gelb, rot, braun – fliegen und die grüne Wiese mit farbiger Seide bedeckt wird. In rhythmische Wiederholung eingebettet, wandelt sich im Winter die Szene zu Weiß und Blau, wo inmitten fallender Schneeflocken (aus Wolle an Fäden) die charakteristische Gestalt der Frau Holle erscheint; im Frühling verändert sich das Bild zu hellem Rosa und zartem Grün, wenn das Mädchen mit flatternden Schmetterlingen Haschen spielen kann, und wird endlich zu kräftigem Rosenrot, Grün und Gold, wenn der König seine Königin im Garten findet und Zukünftiges sich vorbereitet. Auge und Ohr können sich miteinander erfreuen und ergänzen durch Farbe und Klang, durch Gebärde und Sprache. Dem zuschauenden Kinde erwachsen Zufriedenheit und Sicherheit, es kann wissen und vertrauen, dass der Himmel sich immer wieder öffnet und seine Boten sendet und dass auf der Erde neues Leben wachsen und gedeihen wird im Wandel der Jahreszeiten, immer wieder.

Vorspiel: Schlafe, Kindlein (ohne Gesang)

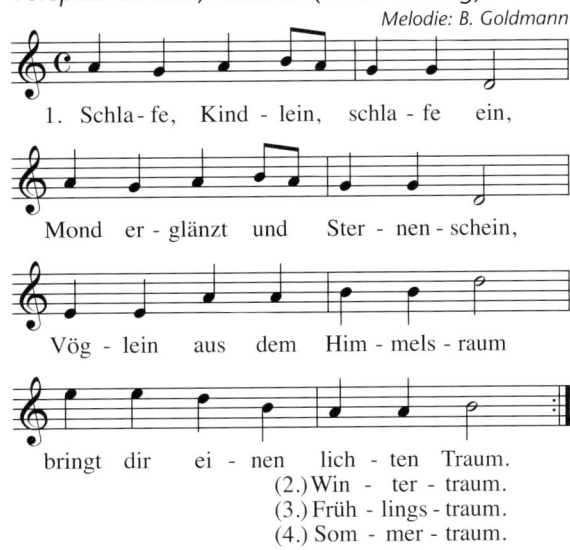

Melodie: B. Goldmann

1. Schla-fe, Kind-lein, schla-fe ein,
Mond er-glänzt und Ster-nen-schein,
Vög-lein aus dem Him-mels-raum
bringt dir ei-nen lich-ten Traum.
(2.) Win-ter-traum.
(3.) Früh-lings-traum.
(4.) Som-mer-traum.

Es war einmal ein Mädchen, das wohnte in einem hübschen Haus mit einem schönen Garten davor. An jeder Seite wuchs ein junges Bäumchen, und das Kind spielte und tanzte den ganzen Tag vergnügt im Garten und sang dabei:

Melodie: L. Henning

Juch - hei, Bäu - me - lein, wach - se und blü - he!

Brei - te dei - ne Blät - ter aus, wach - se bis zum Himmel 'nauf.

Juch - hei, Bäu - me - lein, wach - se und blü - he!

Die Eltern hatten freilich viel zu tun, aber das Mädchen war darum doch nicht allein, denn abends, wenn es zur Ruhe ging, kam ein weißes Vöglein vom Himmel und brachte ihm die schönsten Träume.

Lied: Schlafe, Kindlein … lichten Traum.

Als der Sommer zu Ende ging, brachte das Vöglein einen Traum von der Herbsteszeit. Die Bäumchen, die noch eben grün gewesen, färbten sich goldgelb und orange, und der Wind wehte die Blätter von den Zweigen und rief sie zum Tanz.

Lied: Wir wiegen uns …

Melodie: E. Pracht

Wir_ wie - gen uns_ im Son - nen - schein

und möch - ten ger - ne Fal - ter sein,

wir tra - gen ja ein bun - tes Kleid

und sind zum Tan - ze gern be - reit.

Kräftiger wehte der Wind und schüttelte die Bäumchen, lustiger noch wirbelten die Blätter dahin.

Melodie: E. Pracht

Hei - ho, das_ Brau - sen._ Hei -

ho, das_ Sau - sen ruft uns zum

Rei - gen mit Flö - ten und Gei - gen. Wir

fol - gen dir ger - ne in_ luf - ti - ge Fer - ne.

52

Endlich fielen sie müde nieder, und die Erde färbte sich gelb, orange und braun.

Morgens, als das Mädchen erwachte, fand es alles wie im Traum. Wie fröhlich tanzten die Blätter! – Lied: Heiho …

Nun hatte das braune Laub die Erde ganz bedeckt. – So ging es den ganzen Herbst, bis eines Abends das Mädchen zur Ruhe ging. Da brachte das Vögelein einen Wintertraum.

Lied: Schlafe, Kindlein … Wintertraum.

Die Bäumchen standen kahl, und die ersten Schneeflocken fielen vom Himmel. Frau Holle kam und schüttelte ihre Betten, dass die Federn flogen, und sang dabei:

Die Bäume bekamen ein weißes Kleid, und über die Erde breitete der Schnee eine weiße Decke.

Morgens erwachte das Mädchen. Alles war wie im Traum. Wie freute es sich über die lichte Pracht! Gleich eilte es in den Garten, klatschte in die Hände und drehte sich mit den Schneeflocken.

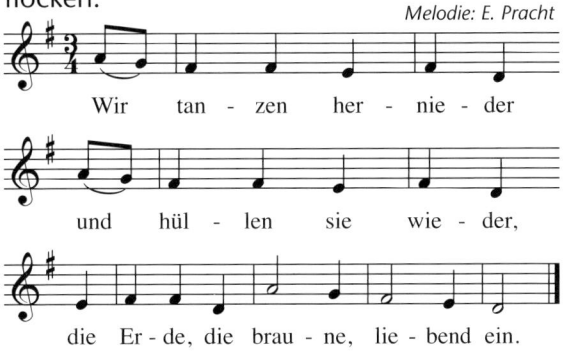

So ging das den ganzen Winter, bis eines Abends das Mädchen zur Ruhe ging, da brachte das Vöglein einen Frühlingstraum.

Lied: Schlafe, Kindlein … Frühlingstraum.

Die Sonne schmolz den Schnee von den Bäumen, sie zog die weiße Decke weg, und die Erde bedeckte sich mit lichtem Grün. Die Bäumchen begannen zu blühen, und bald kamen auch schon die ersten Schmetterlinge.

Melodie: L. Henning   Text: Chr. Morgenstern   Melodie: F. Muche

Lie-bes, leich-tes, luft'-ges Ding, Schmet-ter-ling,

Schmet-ter-ling.   Öff-ne dei-ne bun-ten Flü-gel,

flie-ge ü-ber Berg und Hü-gel! Lie-bes, leich-tes,

luft'-ges Ding, Schmet-ter-ling, Schmet-ter-ling.

Träum, Kind-lein, träum, im Gar-ten stehn zwei

Bäum', der ei-ne, der trägt Ro-sen, der

an-dre A-pri-ko-sen. Träum, Kind-lein,

träum, im Gar-ten stehn zwei Bäum'.

Morgens flog das Vöglein fort. Das Mädchen fand draußen alles wie im Traum und spielte mit den Schmetterlingen.

Lied: Liebes, leichtes, luftges Ding, Schmetterling …

So ging das den ganzen Frühling, bis eines Abends das Mädchen zur Ruhe ging, da brachte das Vöglein einen Sommertraum.

Lied: Schlafe, Kindlein … Sommertraum!

Die Blätter an den Bäumen wurden kräftig grün, die roten Rosen dufteten, und es reiften schon die süßen Aprikosen. Da kam in den Garten König Abendlust mit seiner Königin.

Da kommt der König Abendlust
und steckt seiner Königin eine Rose an die Brust.
Da reckt sich die Königin mit ihrer Rose
und reicht dem Herrn König eine Aprikose.
Der König bricht die Frucht in zwei Stücke
und gibt eine Hälfte der Frau Königin zurücke.
Drauf lassen sich's beide trefflich munden,
den Kern aber, den sie darinnen gefunden,
den Aprikosenkern klein und fein,
den pflanzen sie in ein Beet hinein.
Und dass er es dort recht artig hat,
umwickelt ihn Frau Königin mit einem Rosenblatt.
Mit einem Rosenblatt, mit einem Rosenblatt,
damit der Kern es dort recht lieblich hat.

Dort schlummert er lange, dort schlummert er fest,
als wie ein Vöglein in seinem Nest.

Christian Morgenstern

Lied: Träum, Kindlein …

Morgens, als das Mädchen erwachte, war alles wie im Traum. Sie eilte in den Garten zu den duftenden Rosen und den süßen Aprikosen. Sie fand auch den gut gebetteten Kern in der Erde und freute sich sehr, denn sie wusste, bald würde daraus auch ein Bäumchen wachsen und blühen und reifen und fruchten, durch Frühling, Sommer, Herbst und Winter, Jahr für Jahr.

Lied: Juchhei, Bäumelein …

Und abends ging sie dann friedlich zur Ruhe.

Nachspiel: Schlafe, Kindlein …
(Musik ohne Gesang)

Schneemädchen

Aus dem Russischen

Weit von hier im fernen Russland wohnten einmal ein alter Mann und eine alte Frau in einem Dorf am Waldesrand. Die hatten keine Kinder. Sie hatten Hunde, Katzen und Hühner die Menge, aber was ist das, wenn man keine Kinder hat.

«Ach!», sagten sie, «in allen anderen Häusern ist es so lustig, da lachen und rufen alle die kleinen Saschas und Maschas und Nataschas, die Petruschkas und Mischutkas und wie sie alle heißen, nur bei uns ist es so still. Ach, hätten wir doch auch ein Kind!»

Einmal im Winter, als die Kinder draußen ihre Schneemänner bauten und eine Baba Jaga aus Schnee, da sprachen der alte Mann und die alte Frau zueinander: «Wie wäre es», sagten sie, «wie wäre es, wenn wir hinausgingen und uns ein kleines Schneemädchen machten? Wer weiß, vielleicht gibt's der gute Gott und sie wird lebendig, wer kann's wissen!» Gesagt, getan! Als es Abend wurde, gingen der alte Mann und die alte Frau in den Hof und fingen an zu bauen. Sorglich rollten sie den Schnee zusammen, zärtlich formten sie ein Köpfchen,

55

das Bäuchlein, die Ärmchen und die Bein-
chen, und da stand nun ein allerliebstes kleines
Schneemädchen ganz still im Mondschein. Die
Äuglein und das Mündchen waren zu. «Ach»,
sagten sie, «du bist unser liebes Töchterlein,
unser weißes Täubchen, tu doch die Augen auf,
sprich doch zu deinem alten Väterchen, lache
doch zu deinem guten Mütterchen!»

Und der gute Gott hörte die alten Leute. Das
Schneemädchen schlug die hellen Äuglein auf,
sie öffnete die Lippen und lachte, das klang wie
Glöcklein, sie schüttelte die Haare und begann
zu tanzen und zu singen:

Melodie: L. Bittrich

1. Fal - len leis die Flöck - lein nie - der,
komm auch ich zur Er - de wie - der,
glit - zernd wie die Ster - ne - lein,
bin — dem Schnee sein Töch - ter - lein.

2. und 3. Strophe:

Tanz ich lustig rings im Kreise,
auf dem Schnee und auf dem Eise,
dreh ich hurtig mich im Wind,
bin des Winters liebstes Kind.

Aber liebt ihr mich nicht sehr,
bleibe ich bei euch nicht mehr,
fort zum Himmel heim ich geh,
liebstes Töchterlein vom Schnee!

«Wir haben dich ganz lieb, unser gutes Töchterchen, unser weißes Täubchen, bleibe bei uns!»,
sagten die Alten, hoben sie auf und trugen sie
in die Hütte. «Nicht zu warm, nicht zu warm!»,
rief Schneemädchen, als sie zum Feuer kamen
und setzte sich auf ein Bänkchen am Fenster. «Gebt mir doch einen Eisbrei zu essen».
Der war ganz leicht zu bereiten, man brauchte
nur ein Stückchen Eis in eine Holzschüssel zu
tun und in kleine Stückchen zu zerhacken, das
schmeckte ihr vorzüglich. Dann sollte sie zu
Bett, aber sie rief: «Nein, nein, ich bin ein kleines Schneemädchen und schlafe nicht, ich will
nachts im Hofe tanzen, und morgen früh spiele
ich mit den Kindern auf dem Platz. Geht nur
schlafen, ich bleibe schon bei euch!» Endlich
legten sich die alten Leute nieder, aber immer

wieder standen sie auf und schauten hinaus, wie ihr liebes Töchterchen im Mondlicht tanzte. *(Musik).* In der Frühe kam sie herein, ihren Eisbrei zu essen, dann wartete sie draußen auf die Kinder vom Dorf. Und da kamen sie schon, die kleinen Saschas und Maschas und Nataschas, die Petruschkas und Mischutkas und wie sie alle heißen, und die Freude war groß, als sie das kleine Schneemädchen sahen. Sie umringten sie, sie spielten mit ihr, sie fuhren Schlitten und liefen übers Eis, sie tanzten und sangen:

Fallen leis die Flöckchen nieder …
(2 Strophen)

So ging das den ganzen Winter, nachts tanzte Schneemädchen allein, am Tage mit den Kindern, das war eine Lust!

Als der Winter zu Ende ging, liefen sie oft schon ein Stückchen vom Dorfe weg, und einmal gingen sie noch weiter bis zum Wald. Sie spielten Verstecken und Fangen bis zum Abend, dann wollten sie wieder heim und sprachen: «Komm, Schneemädchen, wir müssen zu Bett, wie Väterchen und Mütterchen es uns geboten haben.» Aber sie rief: «Nein, nein, ich muss nicht schlafen, ich tanze auch bei Nacht!» und lief fort. Die Kinderchen warteten eine Weile und warteten und warteten. Endlich

gingen sie traurig nach Hause. Es waren brave Kinder. Als es ganz dunkel geworden war, kam Schneemädchen und suchte und rief nach ihren Freunden, aber niemand antwortete. Sie kletterte auf einen Baum und hielt nach ihnen Ausschau, rief sie beim Namen, aber niemand war zu sehen und zu hören, und sie begann bitterlich zu weinen. Da trottete durch den Wald ein Bär und blieb unter dem Baume stehen. «Schneemädchen, warum weinst du?», fragte der Bär. «Ai, ai, ai, ich weine um meine kleinen Freunde und Freundinnen, und ich möchte wieder heim zu meinem alten Väterchen und meinem guten Mütterchen.» – «Komm nur herunter und setze dich auf meinen Rücken, ich will dich nach Hause tragen.» – «Nein, nein», rief Schneemädchen, «vor dir fürchte ich mich ein bisschen, du zerdrückst mich vielleicht!» Da trottete der Bär wieder weiter.

Bald darauf kam ein Wolf geschlichen. Er blieb unter dem Baum stehen und fragte: «Schneemädchen, warum weinst du?» – «Ai, ai, ai, ich weine um meine kleinen Freunde und Freundinnen, und ich möchte wieder heim zu meinem alten Väterchen und meinem guten Mütterchen.» – «Komm nur herunter und setze dich auf meinen Rücken», sagte der Wolf, «ich will dich nach Hause tragen». – «Nein, nein», rief Schneemädchen, «vor dir fürchte ich mich ein bisschen, du frisst mich vielleicht!» Da schlich der Wolf wieder fort.

Bald darauf kam ein Füchslein gesprungen und blieb unter dem Baume stehen. «Schneemädchen, warum weinst du?» – «Ai, ai, ai, ich weine um meine kleinen Freunde und Freundinnen, und ich möchte wieder heim zu meinem alten Väterchen und meinem guten Mütterchen.» – «Komm nur herunter und setze dich auf meinen Rücken, ich will dich gewiss nach Hause tragen!» – «Ja, ja», rief das Schneemädchen, «vor dir fürchte ich mich nicht, du bringst mich heim!» Vorsichtig kletterte sie vom Baum herunter, setzte sich dem Füchslein auf den Rücken, und dieses sprang mit ihr durch den Wald der Hütte zu.

Da waren der alte Mann und die alte Frau, die jammerten immerzu: «Ach, wo ist sie nur, unser liebstes Töchterchen, unser weißes Täubchen, wo ist sie nur!» – «Hier bin ich!», rief Schneemädchen, «das Füchslein hat mich nach Hause getragen; nun müsst ihr ihm auch etwas zu essen geben, es ist gewiss hungrig.» – «Ja, ja», sagten die Alten, «eine Kruste Brot kann es wohl haben.» – «Eine Kruste Brot ist mir viel zu wenig», sagte das Füchslein, «ich möchte wohl eine gute fette Henne haben, ich habe doch euer Schneemädchen wiedergebracht!»

«Nun gut», sagten der alte Mann und die alte Frau und gingen hinter das Haus. Da aber begannen sie zu flüstern: «Wir haben unser Schneemädchen wieder, ja, wir haben sie, sollen wir nun noch eine gute fette Henne hergeben?» Und dann sagten sie noch etwas, das war nicht schön. Sie ließen wohl die gute fette Henne aus dem Hühnerstall, doch als unser Füchslein sie fassen wollte, da ließen sie auch den großen schwarzen Hund heraus, der jagte das Füchslein fort in den Wald zurück. «Das haben wir gut gemacht», sprachen die Alten, «wir haben die gute fette Henne noch und unser liebes Schneemädchen haben wir auch wieder.» Aber als sie ins Haus gingen, da war sie zum Feuer hingegangen und tanzte und sang:

Ach, ihr liebt mich gar nicht sehr,
eine Henne liebt ihr mehr.
Fort zum Himmel heim ich geh,
liebstes Töchterlein vom Schnee!

«Bleibe doch, unser liebes Töchterchen, unser weißes Täubchen, bleibe doch bei uns», riefen sie, aber sie schwebte schon wie ein Wölkchen zur Höhe. – Wo ist sie denn hingeflogen? Zu Väterchen Frost und zu Mütterchen Schnee, über die Sterne nach dem Norden, da tanzt sie den ganzen Sommer auf dem Eismeer.

«Das haben wir nicht gut gemacht, das haben wir nicht gut gemacht», sagten die Alten, «ach, wenn sie doch wiederkäme, da wollten wir es besser machen!»

Und sie kam wieder, im nächsten Winter, und brachte viele kleine Schneemädchen mit, die tanzten und sangen:

> Fallen leis die Flöcklein nieder,
> komm auch ich zur Erde wieder,
> glitzernd wie die Sternelein,
> bin dem Schnee sein Töchterlein.
>
> Tanz ich lustig rings im Kreise,
> auf dem Schnee und auf dem Eise,
> dreh ich hurtig mich im Wind,
> bin des Winters liebstes Kind.

Freya Jaffke
Tiere für Puppenspiele
Wickeltechnik mit Filznadel
Arbeitsmaterial aus den Waldorfkindergärten 24
76 Seiten, mit Zeichnungen
und Farbabbildungen, kartoniert
ISBN 978-3-7725-2324-3

Tiergestalten sind unentbehrliche Elemente für jedes Puppen- oder Marionettenspiel. Freya Jaffke zeigt, wie man aus Schafwolle sehr charakteristische, liebenswerte Tiere herstellt.

Das Buch enthält Anleitungen für folgende Tiere: Bär · Esel · Ochs · Pferd · Schwein · Hund · Fuchs · Wolf · Reh · Schaf · Ziege · Katze · Eichhörnchen · Ente · Schwan · Hahn · Hase · Fliege · Mücke · Biene · Schnecke · Frosch · Igel · Maus · Wildschwein

Verlag Freies Geistesleben

Johanna-Veronika Picht
Zwerge
Wie man sie sieht, wie man sie macht,
wie man mit ihnen umgeht
Arbeitsmaterial aus den Waldorfkindergärten 9
64 Seiten mit zahlreichen farbigen Fotos, kartoniert
ISBN 978-3-7725-2309-0

Aus Märchen und Sagen sind uns allen die kleinen Wesen als Gnome, Wichtel, Kobolde oder Heinzelmännchen bekannt, sie begleiten uns durch Kindheit und Jugend und erfreuen uns auch später noch. Basierend auf Erlebnissen und Anleitungen von Margrit Hottinger (1900–1977), auch Zwergmuomi (Zwerggroßmutter) genannt, findet sich in diesem Büchlein neben den Beiträgen zu einem Verständnis der Elementarwesen, Gedichten und Versen, Strick- und Materialanleitungen auch eine Farb- und Namensliste der original Hottinger-Zwerge.

Verlag Freies Geistesleben

Freya Jaffke
Tanzt & singt!
Rhythmische Spiele im Jahreslauf
Arbeitsmaterial aus den Waldorfkindergärten 10
105 Seiten mit zahlreichen farbigen Fotos, kartoniert
ISBN 978-3-7725-2302-1

Diese Sammlung kleiner Lieder und Reigenspiele will bei Kindern die Lust am gemeinsamen Spielen und Singen fördern und gleichzeitig den Jahreslauf und die Umwelt erlebbar machen. Sie gibt Anregungen für den Kindergarten, für Kindergruppen und zu Hause.

«Eine beispielhafte Sammlung von Reigenspielen im Kindergarten durch ein ganzes Jahr, mit Noten und praktischen Hinweisen versehen.»
Erziehungskunst

Verlag Freies Geistesleben

Freya Jaffke
Spielen und arbeiten im Waldorfkindergarten
Arbeitsmaterial aus den Waldorfkindergärten 13
98 Seiten mit zahlreichen farbigen Fotos, kartoniert
ISBN 978-3-7725-2313-7

Mit vielen Beispielen aus der Praxis, unmittelbar einleuchtend und anregend – so beschreibt Freya Jaffke das Spielen und Arbeiten im Waldorfkindergarten. Sie zeigt, wie die Erziehung des kleinen Kindes ganz auf Rhythmus und Wiederholung, auf Vorbild und Nachahmung beruht und wie diese grundsätzlichen Aspekte auch die alltäglichen Situationen im Umgang mit Kindern prägen. Das Buch macht den Leser nicht nur mit wesentlichen Elementen des Waldorfkindergartens vertraut, es gibt zugleich Anregungen, wie man pädagogische Erkenntnisse im Alltag mit Kindern umsetzen kann.

Verlag Freies Geistesleben

Dagmar Schmidt / Freya Jaffke
Gestalten mit farbiger Wolle
Werkbücher für Kinder, Eltern und Erzieher 12
75 Seiten mit zahlreichen farbigen Fotos, kartoniert
ISBN 978-3-7725-1192-9

Mit farbiger Wolle lassen sich Märchenbilder und auch Puppen für Spiele herstellen. Das Bezaubernde der Märchen-Wollbilder liegt vor allem in den weichen, offenlassenden Formen und den zarten, aber doch lebendigen Farbschattierungen.
Die reichen Erfahrungen von Dagmar Schmidt und Freya Jaffke im Gestalten mit farbiger Wolle werden als Anregung für viele Eltern und Erzieher hilfreich sein.

Verlag Freies Geistesleben